Münsterschwarzacher Kleinschriften

herausgegeben
von den Mönchen der Abtei Münsterschwarzach

Band 160

Wunibald Müller

Atme auf in Gottes Nähe

Vier-Türme-Verlag

1. Auflage 2007
© Vier-Türme GmbH – Verlag, Münsterschwarzach 2007
Alle Rechte vorbehalten
Lektorat: Dr. Thomas H. Böhm
Umschlaggestaltung: Morian & Bayer-Eynck, Coesfeld
Umschlagmotiv: Morian & Bayer-Eynck, Coesfeld
Gesamtherstellung: Vier-Türme GmbH – Benedict Press,
Münsterschwarzach
ISBN 978-3-87868-660-6
ISSN 0171-6360

www.vier-tuerme-verlag.de

Inhalt

»Du senkst voll Liebe deinen Blick in meinen
Und neigst dein Ohr zu meinen leisen Worten
Und füllst mit Frieden tief das Herz.«

Edith Stein[1]

Vorwort

»Es kommt darauf an, dass man zunächst einmal einen stillen Winkel hat, in dem man mit Gott so verkehren kann, als ob es sonst fast überhaupt nichts gäbe, und das täglich.« Das schreibt Edith Stein.[2] Sie spricht damit sicher zunächst ihre eigenen Erfahrungen an, die sich jedoch auch verallgemeinern lassen.

Der stille Winkel, in dem man mit Gott so verkehren kann, als ob es sonst überhaupt nichts gäbe, kann ganz unterschiedlich aussehen. Für den einen ist es der berühmte »Herrgottswinkel«, den man auch heute noch in alten Bauernhäusern immer wieder findet. Für den anderen ist es die Gebetsecke. Wieder andere haben einen stillen Winkel im Freien gefunden, in den sie sich zurückziehen, um alleine mit Gott zu sein, in seiner Nähe aufzuatmen. Noch entscheidender als diese »Äußerlichkeiten« ist freilich, den »stillen Winkel« in uns selbst zu entdecken und dort so mit Gott zu verkehren, als ob es sonst nichts gabe.

Für mich steht die Teilnahme am Mittagsgebet der Benediktiner in Münsterschwarzach für diesen stillen Winkel, wo ich mit Gott verkehre, mich für eine Weile auf eine besondere Weise bei ihm ausruhe und in seiner Nähe aufatme. Der »äußere«

Rahmen des Mittagsgebetes hilft mir. Er ist eine Zeit, in der ich in eine bewusste Beziehung zu Gott trete, meine Beziehung zu ihm pflege. Ich nehme mir Zeit für *ihn*. Eine Zeit, die festgelegt und eingeplant ist.

Die Begegnung mit Gott kann zu jedem Augenblick stattfinden. Doch es bedarf dazu auch fester Zeiten. Wie es in Freundschaften und Partnerschaften Zeiten geben muss, in denen man sich bewusst begegnet, die Beziehung pflegt, in einen intensiven Kontakt miteinander tritt. Eine solche Zeit kann daher auch zu einer sehr dichten, vor allem aber innigen und intimen Zeit werden und so soll es auch sein.

Ich kenne jedenfalls die Sehnsucht, immer wieder in die direkte und unmittelbare Beziehung zu Gott treten zu wollen: Gott zu erfahren, ja, bei ihm zu ruhen, in seiner Nähe aufzuatmen und zu verweilen.

Von dieser Erfahrung erzählen die folgenden Zeilen. Ich beschreibe darin, wie gut es ist, sich solche Zeit mit Gott zu nehmen, bei ihm auszuruhen, in seiner Nähe aufzuatmen. Diese Zeit ist dann auch eine Liebes-Zeit, in der ich meine innige Beziehung zu Gott wahrnehme, meine Liebe zu ihm zulasse und seine Liebe zu mir auskoste.

Aus dieser innigen Beziehung mit Gott heraus weitet sich fast wie selbstverständlich mein Herz. Es führt mich so in eine noch innigere Beziehung zu meinen Mitmenschen. Meine Fähigkeit im Mitfühlen und Erbarmen nimmt zu und wird stärker – bis dahin, dass meine Sehnsucht, ein wenig bei

Gott zu ruhen und aufzuatmen, in der tatkräftigen und leidenschaftlichen Hingabe an Gott, an Menschen, an eine Sache ihre Vollendung findet: eine Vollendung, die am Ende meiner Tage einen endgültigen Abschluss finden wird.

Ich hatte die Texte und Meditationen dieses Buches im Wesentlichen bereits geschrieben, als Papst Benedikt XVI. seine erste Enzyklika *Deus caritas est – Gott ist die Liebe* veröffentlichte. In dieser wunderbaren Enzyklika finde ich mich mit meinen Gedanken in vielen Aspekten wieder. Manches ging mir beim Lesen von *Deus caritas est* noch einmal neu auf. Die Gedanken von Papst Benedikt XVI. schärften und vertieften meine Blickweise. So habe ich immer wieder in der Überarbeitung meines Textes Bezug auf die Enzyklika genommen.

Neben meinen Erfahrungen beim Mittagsgebet der Mönche in Münsterschwarzach habe ich Reflexionen eingeflochten, die ich anlässlich eine Aufenthaltes in Estland machen durfte. P. Christoph Wrembek hatte mich eingeladen, in Tuuru Exerzitien für eine Gruppe engagierter Esten zu halten.

Ich widme dieses Buch meiner Mutter, die am 20. April 2006 zu Gott heimgegangen ist.

Wunibald Müller

Prolog

Die Glut des Mittags treibt uns um

Die Mitte des Tages ist erreicht. Seit acht Uhr in der Frühe bin ich beschäftigt: Telefonate führen, Briefe diktieren, Gruppe leiten, Treffen mit Mitarbeitern ... Mein Kopf ist voll, mein Herz schwer. Ich schaue auf die Uhr, nehme einen Termin nach dem anderen wahr, nehme aber immer weniger mich selbst wahr.

Fünf Minuten vor zwölf läuten die Glocken der Abteikirche Münsterschwarzach. Das Telefon klingelt. Ich lasse es klingeln. Ein Kursteilnehmer im Recollectio-Haus will noch etwas klären. Ich vertröste ihn auf später. Ich mache mich auf den Weg zur Klosterkirche, in der um zwölf Uhr die Benediktinermönche das Mittagsgebet – auch Mittagshore genannt – beten.

Es hat lange gedauert – fast zwei Jahre –, bis ich so weit war, mir diese 15 bis 20 Minuten am Mittag frei zu halten. Erst als ich ihnen innerlich eine ganz große Bedeutung zusprach, fand ich die Kraft und vermochte mich durchzuringen, dass in dieser guten Viertelstunde fast nichts wichtiger ist, als mir die Zeit dafür zu nehmen, zum Mittagsgebet der Mönche zu gehen. Inzwischen gehört diese Zeit zu den Eckpfeilern im Ablauf meines Arbeitstages. Sie ist nicht einfach ein weiterer Termin unter anderen. Nein! Sie ist ein akzentuierter Termin. Eine bewusst vorgenommene Unterbrechung in der Mitte des Tages. Eine Zeit mit einer ganz eigenen Qualität.

Das bewusste Freihalten dieser Zeit gehört mit zu den wichtigsten Entscheidungen, die ich in den letzten Jahren getroffen habe. Sie hat dazu geführt, dass ich auch an anderen Stellen in meinem Tages- und Wochenablauf solche Eckpfeiler etablieren konnte – wie zum Beispiel die regelmäßige Meditation mit einer Gruppe am Montagabend. Ich habe dabei erfahren dürfen, wie gut es mir tut, solche Eckpfeiler zu haben und Rituale zu pflegen. Sie ermöglichen es mir, aufzuatmen, innezuhalten, mit meinem Inneren in Berührung zu kommen, endlich wieder meinem tiefsten Verlangen und meiner tiefsten Sehnsucht nachzuspüren und Ausdruck zu verleihen.

So wie jetzt, wenn ich in den hinteren Bänken der Kirche in Münsterschwarzach gemeinsam mit den Mönchen in den Hymnus einstimme:

»Die Glut des Mittags treibt uns um,
die Stunden eilen wie im Flug;
du Gott, vor dem die Zeiten stehn,
lass uns ein wenig bei dir ruhn.

Wir atmen fiebrig und gehetzt,
der Streit flammt auf, das rasche Wort;
in deiner Nähe, starker Gott,
ist Kühlung, Frieden und Geduld.

Dies schenk uns, Vater voller Macht,
durch Jesus Christus, unsern Herrn,
der mit dem Geiste und mit dir
regiert in alle Ewigkeit. Amen.«

Lass *mich* ein wenig bei dir ruhen. In *deiner* Nähe, starker Gott, ist Kühlung, Frieden und Geduld. Diese Worte sprechen mir aus dem Herzen. Sie sind Ausdruck meiner Seele, meines Herzens. Ich möchte bei dir, meinem Gott, ruhen. In deiner Nähe aufatmen. Mich an dich schmiegen. Einfach in deiner erfahrenen Gegenwart verweilen. Allein diese Vorstellung löst schöne, angenehme Gefühle in mir aus.

Atme auf in *Gottes* Nähe. Stelle dir vor, bei *Gott* zu ruhen. Schließe die Augen und sei *Gott* einfach nahe. Mache dir dabei kein Bild von *Gott*. Du brauchst kein Bild von *ihm*. Sprich in deinem Herzen zu *ihm*: »Lass mich ein wenig bei dir ruhn.« Jetzt ruhst du bei *ihm*. Entspanne dich! Atme ruhig! Sprich: »In deiner Nähe werde ich ruhig. Du bist da. Bei mir.«

Komme in Berührung mit dem Gefühl von Dankbarkeit, in *Gottes* Nähe weilen zu dürfen; *ihn*, *seine* Nähe erfahren zu dürfen; auf diese innige Weise mit *Gott* in Kontakt treten zu dürfen und zu können; *Gott* als dein erfahrbares Gegenüber erleben zu dürfen.

Ruhe noch für eine Weile bei *Gott* aus, atme auf in *seiner* Nähe. Spüre die Kühlung, den Frieden und die Geduld, die von seiner erfahrenen Nähe ausgehen. Koste es aus, endlich Zeit zu haben, um innezuhalten, Zeit für dich und zugleich Zeit für *Gott* und mit *Gott* zu haben.

I. *Du, Gott, vor dem die Zeiten stehn, lass mich ein wenig bei dir ruhn*

»Ich weiß, dass ich jemanden in der Nähe habe, dem ich rückhaltlos vertrauen kann, und das ist etwas, was Ruhe und Kraft gibt«, schreibt Edith Stein. Für sie ist dieser Jemand Gott. Um Gott als einen zu erfahren, der in meiner Nähe ist, ist es wichtig, mir Zeit für ihn zu nehmen, Zeit mit ihm zu verbringen und in eine innige Beziehung zu ihm zu treten, immer wieder bei ihm zu verweilen, manchmal auch einfach nur bei ihm zu ruhen und aufzuatmen.

Dir Zeit nehmen zum Innehalten, kann heißen, einfach nur da sein: da sein bei mir, da sein mit Gott. Du unterbrichst die Zeit des aktiven Tuns und überlässt dich für eine Weile dem »heiligen Nichtstun«. Diese Zeit »heiligen Nichtstuns« kann zu einer »entdichteten Zeit« werden, die dir hilft, wieder mehr in der Gegenwart zu leben und mit deinem Innersten und deinen tiefsten Sehnsüchten in Berührung zu kommen.

Deine Zeit mit Gott ist Zeit für dich

»Du Gott, vor dem die Zeiten stehn, lass mich ein wenig bei dir ruhn.« Bei Gott ruhen, in seiner Nähe aufzuatmen – das kann heißen: nichts tun, nichts denken, nichts fühlen. Dasitzen und dich anlehnen an ihn. Nichts haben wollen, nichts erreichen wollen, an nichts denken müssen. Die Augen schließen und bei Gott ruhen, in seiner Nähe aufatmen. Du darfst dich an Gott anlehnen. Das gibt dir Halt. Du kannst endlich einmal aufhören, dir über dieses und jenes Gedanken zu machen, einen Termin nach dem anderen wahrzunehmen. Du bist für eine Weile nicht gefordert, nicht gefragt. Du kannst dich Gott hinhalten und aus der Tiefe deines Herzens heraus sagen: »Lass mich ein wenig bei dir ruhn.«

Vor einiger Zeit besuchte mich ein Mann, um die 50 Jahre alt, der von heute auf morgen seinem

Beruf nicht mehr nachkommen konnte. Es wurde ihm plötzlich alles zu viel. Er war der täglichen Anspannung nicht länger gewachsen. Der bisher kompetente, gefragte Berater fühlte sich den Anforderungen nicht mehr gewachsen, die er bisher souverän meisterte. Vor mir saß ein Häuflein Elend. Mein Gesprächspartner hatte den Augenblick verpasst, an dem er noch hätte bestimmen können, was er für sich tut und wie er sich vor den Einflüssen schützt, die ihm zu sehr zusetzen. Jetzt ist er von ihnen überrollt worden. Er ist wie ein Baum umgeknickt. Er hatte den Einflüssen, die von außen auf ihn einwirkten, nichts mehr entgegenzusetzen.

Um dem, was von außen auf dich zukommt, etwas entgegensetzen zu können, brauchst du Zeit: Zeit für dich.

Deine Zeit mit Gott ist für dich eine solche Zeit. Es ist eine Zeit der Erholung, der Entspannung und des Aufatmens. Es ist eine Zeit »heiligen Nichtstuns«. Bei einem solchen Innehalten »gewinnt man Zeit, indem man sie verliert, und erlangt darüber hinaus eine produktive Distanz zu sich, zu den Dingen und dem betriebsamen Geschehen der Mitwelt«, schreibt Karlheinz A. Geißler.[3]

Du verlierst und gewinnst zugleich Zeit, wenn du bei Gott ruhst. Ich habe Hemmungen, zu sagen, du verlierst bei deinem Aufatmen in Gottes Nähe Zeit, du verlierst Zeit, in der du arbeitest, Gespräche führst und für andere da bist. Doch du gewinnst Zeit und du bekommst überhaupt erst wieder ein Gefühl für Zeit – ja fühlst Zeit, spürst, erfährst Zeit –, wenn du bei Gott ruhst, dich an ihn anlehnst: *Bist.*

> Lehne dich an an Gott. Halte dich auf in seiner schützenden Nähe. Begib dich in seine Sphäre. Er ist dein Zentrum. Nicht, was von außen an dir zieht und zerrt. Ruhe ein wenig bei Gott. Das verschafft dir Abstand zu allem, was um dich herum geschieht. Halte dich auf in der erfahrenen Nähe Gottes. Lass dich von ihr anziehen. Lass sie dein Zentrum sein. Spüre die Distanz zu dem, was dir vorher nahe war, dir vielleicht zu nahe gegangen ist. Atme auf in Gottes Gegenwart. Spüre seine Nähe.

Bist du Gott nahe, dann bist du auch dir selbst nahe. Du kannst Gott nur nahe sein, wenn du auch dir selbst nahe bist; bei dir bist; in dir bist; mit dir in Berührung kommst, mit dir in Kontakt bist.

So bist du in Gott – machst du die Erfahrung, in Gott zu sein –, wenn du in dir und bei dir bist. Du kehrst ein bei dir. Verweilst, übernachtest endlich wieder einmal bei dir – statt bei irgendwelchen Problemen oder Projekten. Du kehrst ein bei dir, kehrst dich gleichsam nach innen. Wendest dich ab vom Außen. Du suchst die Nähe zu dir, nimmst Beziehung auf zu deinem Inneren. Du bist jetzt dort, wo du dir selbst »über den Weg läufst«, dir begegnest, und findest dort – an dem Ort, an dem du dir begegnest – Gott, erfährst dort seine Nähe.

Wenn du in Gott ruhst, wirst du ruhig

Wenn wir bei Gott ruhen, werden wir ruhig. Wir fühlen uns wohl in seiner Nähe, dort können wir aufatmen. Wir fühlen uns bei Gott geborgen – wie wir uns als Kinder in der Nähe von Mutter oder Vater geborgen fühlten.

Mancher mag sich gegen eine solche Vorstellung verwahren, sie mag für ihn zu sehr nach Regression klingen, gegen sein Bild von einem erwachsenen, selbstständigen Menschen sprechen. Ich kann das verstehen. Doch ich bleibe dabei: Es ist genau dieses *kindliche Vertrauen*, das mich bei Gott ruhen lässt und das mich veranlasst, mir vorzustellen, mich bei ihm anzuschmiegen, ja bei ihm zu kuscheln.

In einem solchen Moment lassen wir unsere bedürftige Seite zu. Wir lassen das Sanfte und Zarte in uns anklingen. Wir lassen damit eine ganz innige Seite von uns zu, die ganz wesentlich zu uns gehört. Im Getriebe des Alltags scheint sie nicht oft zum Zug zu kommen. Dabei wäre es so wichtig, dass sie zugelassen und gewürdigt wird. Wir wollen und können nicht nur funktionieren, ständig auf Achse sein und am besten drei Dinge auf einmal tun. »Zwei schnell laufende Infobänder verfolgen und gleichzeitig der Nachrichtensprecherin zuhören können, das gehört inzwischen zur Grundkompetenz des homo simultans. Währenddessen sollte Simultantes online bleiben, den Piepston eben eingegangener Mails nicht überhören und zusätzlich noch die Erreichbarkeit durch das Mobiltelefon absichern.«[4] Auf Dauer macht uns das kaputt, werden wir krank, weil uns Wichtiges fehlt.

Viele erfahren inzwischen, wie schön es sich zwischendurch auch ohne Handy, ohne Laptop und ohne E-Mail leben lässt. Sie entdecken wieder das handyfreie Wochenende. »Erschöpft von der grausamen Arbeitswoche verbringen Angestellte und Sekretärinnen mehr Zeit mit ihren Familien, suchen Trost in der Natur oder machen sich auf den Weg nach spirituellen Erfahrungen.«[5]

Sie spüren: Wesentliche Seiten von ihnen bleiben unbefriedigt und ungenährt, wenn ihr Leben und Tun einseitig der Technik verschrieben ist. Vor allem aber bekommen sie mit der Zeit ein Gespür dafür, wie belebend, befreiend und beseelend ein Eintauchen in die Natur, ein tiefes Gespräch, die Erfahrung von echter Gemeinschaft, Freundschaft und Partnerschaft ist. Alte Werte werden neu entdeckt. So wie man früher alte Möbel oft allzu schnell gegen moderne austauschte, um sich erst später bewusst zu werden, wie dumm man war, noch mit der Hand angefertigte, wertvolle und mit der Familientradition verbundene Einrichtungsgegenstände für moderne, als Massenware hergestellte Möbelstücke preiszugeben.

Mir fällt ein Ehepaar ein. Beide arbeiten für eine Firma, bei der ständig neue Kunden für Versicherungspolicen gewonnen werden müssen. Beide arbeiten Tag und Nacht und auch an den Wochenenden. Wenn man sie fragt, wie es ihnen geht, hört man nur: »Gut! Prima! Das Geschäft läuft ausgezeichnet.« Wer sie näher kennenlernt – gar

Gelegenheit hat, sie zu besuchen –, ist über ihre Wohnkultur oder überhaupt ihre Lebenskultur befremdet. Denn diese gibt es schlicht nicht. Sie haben in ihrer Wohnung keine gemütliche Ecke. Theater- oder Kinobesuche – wann sollten die geschehen? Unterhält man sich länger mit ihnen, stellt man fest, dass das Gespräch nicht über ein freundliches, oberflächliches Plaudern hinausgeht. Nur wer sie ganz gut kennenlernt, wird bei ihnen mit der Zeit eine tiefe Traurigkeit, viel Angst und Einsamkeit feststellen – aber alles durch übermäßiges Essen, Nikotin-, Tabletten- und Alkoholmissbrauch zugedeckt.

»Wir benötigen ... entdichtete Zeit, ob sie Feierabend, Sonntag, Urlaub, Mittags- oder Kaffeepause heißen«, fordert Karlheinz A. Geißler: »Solche Zeitoasen sind die unentbehrlichen Dehnungsfugen im Geflecht unserer vielen Hochgeschwindigkeitsaktivitäten. In ihnen bekommen die Menschen die Chance, sich ihrer Beschränkungen, speziell ihrer zeitlichen, bewusst zu werden. In solchen Zeiten der Besinnung haben sie die seltene Möglichkeit, sich selbst wieder einmal über den Weg zu laufen.«[6]

Es sind diese »entdichteten Zeiten«, in denen wir unsere Sehnsucht nach Gott – unsere Sehnsucht, ein wenig bei ihm zu ruhen und in seiner Nähe aufatmen zu können –, voll zulassen dürfen. Egal, ob ich ein hoch angesehener Wissenschaftler, eine allseits bekannte Politikerin, ein erfolgreicher Manager oder ein einfacher Vorarbeiter in einer Fabrik bin – ich möchte allen Mut machen, diese

Sehnsucht zuzulassen und ihr nachzukommen. Sie ist vergleichbar mit der Sehnsucht nach der Nähe eines geliebten Menschen.

Gottes Nähe als schützende Hülle erfahren

Tauche ein in die Sphäre der erfahrenen Nähe Gottes. Sie umgibt dich wie eine schützende Hülle. Abgehetzt wie du bist, kannst du dort aufatmen, Luft holen, dich abkühlen – bis du mit der Zeit wieder in den Rhythmus deiner Seele einschwingst, die dann nicht länger hinter dir »herhinkt«. Du beginnst dann wieder ruhig zu atmen. Innere Ruhe, Frieden, Gelassenheit stellen sich ein. Stelle dir vor, dass du am Herzen Gottes liegst. Vernimm den Pulsschlag seines Herzens. Falle in den von dort ausgehenden Rhythmus ein. Nimm wahr, wie zunehmend von dir abfällt, was dich bis jetzt beherrschte. Du gerätst immer mehr in den Sog, der von Gottes Herzschlag bestimmt wird und der dich zu ihm hinzieht. Sprich in deinem Herzen: »In deiner Nähe, starker Gott, ist Kühlung, Frieden und Geduld.« Spüre, wie der Sog hin zu Gott dich an den Rhythmus seines Herzens anschließt, dich mit Gott verbindet. Fühle die Nähe Gottes, ruhe bei ihm und werde gewahr, an den starken Gott – an den Grenzenlosen, das Grenzenlose – angeschlossen zu sein. Bleibe im Jetzt, sei zugleich aber auch Teil einer »anderen« Welt. Mache die Erfahrung, mitten im Alltag – im Jetzt – an das Grenzenlose angeschlossen zu sein.

In einer Besprechung von Jan McEwans Roman *Saturday* heißt es von dessen Hauptfigur Henry Perowne, einem 45-jährigen Neurochirurgen: »Am Ende dieses Tages – es ist der 15. Februar 2003, der Sonntagmorgen dämmert schon herauf – sinkt Henry endlich ins Bett seiner luxuriösen Stadtvilla. Er hat ein Squash-Spiel verloren, die Antikriegsdemonstration gegen Tony Blair erlebt, seine altersdemente Mutter besucht und eine schwierige Hirnoperation vollbracht; er und seine Familie haben die mörderische Attacke eines Verbrechens knapp überlebt, und nun kriecht er unter die Decke zu seiner Rosalind: Er schmiegt sich an sie, an ihren seidenen Pyjama, ihren Geruch, ihre Wärme, ihre geliebte Gestalt, zieht sie enger an sich. Blind küsst er ihren Nacken. Das wird es immer geben, ist einer seiner letzten Gedanken. Dann: Es gibt nur dies. Und dann, undeutlich, fallend: ›Dieser Tag ist vorüber.‹«[7]

Wir brauchen menschliche Nähe. Die Romanhauptfigur in Jan McEwans Roman *Saturday* zeigt auf, wie es inmitten von Chaos noch etwas gibt, das trägt und hält: etwas, das bleibt. Dazu zählen Menschen, die treu zu uns stehen und auf die wir uns verlassen können; Menschen, an die wir uns anlehnen können und die einfach für uns da sind. Doch: Gibt es nur dies? Und: Wird es diese Erfahrung immer geben?

Die Sehnsucht nach Gott, nach seiner erfahrenen Nähe ersetzt nicht menschliche Nähe. Die erfahrene Nähe Gottes steht nicht in Konkurrenz dazu. Sie kommt hinzu. Es ist Gott selbst, bei dem ich mich ausruhen kann. *In deiner Nähe, starker Gott, ist Kühlung, Frieden und Geduld.*

Es gibt nicht nur dies – die menschliche Nähe. Und eines Tages wird es auch diese Erfahrung nicht mehr geben. Ich kann gut verstehen, wenn mir jemand entgegenhält: »Da machst du dir etwas vor.« »Es gibt nur diese!«, höre ich als Einwand: »Sei froh, wenn du das hast. Sonst gibt es nichts. Schon gar nicht einen Gott, bei dem du ruhen, an den du dich anlehnen kannst.«

Und in der Tat, mache ich mir manchmal nicht einfach mit Gott etwas vor? »Zimmere« ich ihn mir nicht einfach so zurecht, wie ich es brauche und wie er mir gefällt? Wenn ich heute umfalle und sterbe, wie ist das dann mit Gott? Wenn ich verarme, krank daniederliege, gepeinigt von Schmerzen, ja, wenn ich als alter Mensch dahinvegetiere in einem Altenheim, was ist dann mit Gott? Was ich eigentlich sagen möchte: Ich erfahre so viele Vorzüge, die es mir relativ einfach machen, mich von Gott getragen und angenommen zu erleben: äußere Annehmlichkeiten wie Wohlstand, innerliche wie die Erfahrung von Zugehörigkeit und Liebe. Doch wenn all das nicht wäre, wenn all das zusammenbrechen würde, könnte ich dann noch sagen: »Lass mich ein wenig bei dir ruhn«? Gäbe es am Ende von allem – in der Erfahrung von Nichts und Nichtigkeit – für mich *dich*, meinen

Gott? Ich weiß es nicht. Was ich weiß, ist, dass ich mir allzu oft etwas vormache: zu glauben, du würdest mir alles bedeuten, wo ich doch von so unendlich vielen inneren und äußeren Gegebenheiten abhängig bin. Was ich hoffe, ist, dass ich dir, Gott, alles bedeute: zu jeder Zeit, zu jeder Stunde, zu jeder Sekunde, dass ich immer zu dir kommen darf, um ein wenig bei dir zu ruhen. Und: dass ich mich immer wieder aufmache hin zu dir, um mich an dir auszurichten, bei dir auszuruhen, in deiner Nähe aufzuatmen.

Ich kenne die Erfahrung, bei Gott zu ruhen und aufzuatmen, in seiner Nähe Kühlung, Frieden, Geduld und Gelassenheit zu erfahren. Ich kann mich in äußerer und seelischer Not zu Gott hinwenden und bei ihm, durch ihn Hilfe und Schutz erfahren. Ich bin dadurch nicht gefeit vor Unglück und Verderben. Eine Krankheit kann mich genauso wie jeden anderen erreichen. Die Bombe mich genauso treffen. Doch die Krankheit ereilt mich, die Bombe trifft mich dann *in seiner erfahrenen Nähe und Gegenwart*. Das ist der alles entscheidende Unterschied – jedenfalls für mich.

Heute – an einem Augustmorgen in Estland – wache ich mit dem Wunsch auf, wieder mehr in den direkten Kontakt zu Gott zu treten. Ja, mit dir, meinem Gott, in Kontakt zu treten. Kurz nach fünf Uhr stehe ich auf. Ein einladendes Morgenrot begrüßt mich durch mein Fenster. Ich jogge zur Ostsee, was auch mit Anstrengung verbunden ist. Gegen Ende meiner Strecke steigt in mir ein frohes »Sanctus« aus einer Messe von Georges Bizet auf, das ich im Kirchenchor gesungen habe. Ich lasse es in mir singen, die Freude, die davon ausgeht, sich in mir ausbreiten. Bei der Ostsee angekommen, ziehe ich mich aus und überlasse mich dem kühlenden Wasser des Meeres. »In deiner Nähe, starker Gott, ist Kühlung, Frieden und Geduld«, rufe ich zu Gott. Ich fühle Kühlung, Friede in mir und um mich herum. Auf dem Weg zurück achte ich auf mein Atmen. Ich spreche beim Ein- und Ausatmen innerlich zu mir »Da-Sein, Mit-Sein, Christ-us«. Christus geht mit mir. In seiner Nähe erfahre ich Frieden. »In deiner Nähe, starker Gott, ist Kühlung, Frieden und Geduld.«

II. In deiner Nähe, starker Gott, ist Kühlung, Frieden und Geduld

»Niemand hat Gott gesehen, so wie er in sich ist. Und trotzdem ist Gott uns nicht gänzlich unsichtbar, nicht einfach unzugänglich geblieben ... In der Geschichte der Liebe, die uns die Bibel erzählt, geht er uns entgegen, wirbt um uns ... Immer neu geht er auf uns zu – durch Menschen, in denen er durchscheint, durch sein Wort, in den Sakramenten, besonders in der Eucharistie. In der Liturgie der Kirche, in ihrem Beten, in der lebendigen Gemeinschaft der Gläubigen erfahren wir die Liebe Gottes, nehmen wir ihn wahr und lernen so auch, seine Gegenwart in unserem Alltag zu erkennen.«

Benedikt XVI.[8]

Wir leben und arbeiten wohl die meiste Zeit über in einer Art »Fremdraum«: in einer Umgebung und in einem Kontext, in denen wir uns unverbunden mit anderen Menschen erleben. Das trifft oft auch auf unsere Beziehung zu Gott zu. Doch tief in uns spüren wir immer wieder das Verlangen, körperliche, seelische und spirituelle Nähe zu erfahren. So ist es wichtig und kommt einer tiefen Sehnsucht in uns selbst nach, uns Zeit zu nehmen, in der wir in besonderer Weise menschliche Nähe und die Nähe Gottes erfahren und auskosten dürfen. Diese Zeit benötigen wir, um uns innerlich auf Gott einstimmen zu können, um sensibel für seine Anwesenheit in unserer Wirklichkeit und in unserem Leben zu werden. Vor allem aber, um bei uns einzukehren. So formuliert es der heilige Augustinus: »Gott ist in uns, aber wir befinden uns außerhalb unserer selbst.« Solange wir uns aber außerhalb unserer selbst befinden, solange können wir Gott nicht erkennen, seine Nähe nicht erfahren.

Niemand hat Gott gesehen

Wenn wir Eucharistie feiern, schimmert etwas vom Göttlichen durch – dann ist Gott da: vielleicht nicht so direkt, wie wir uns das manchmal vorstellen oder wie wir es ins Wort bringen. Gott ist für mich ganz sicher da im konsekrierten Brot und Wein, die seiner Anwesenheit Gestalt verleihen. Sie wollen materiell »verkörpern«, was materiell im Letzten nicht dargestellt werden kann. Und doch glauben wir Katholiken, dass Gott in diesen Zeichen leibhaftig zugegen ist. Das ist und bleibt ein Geheimnis, das sich dem erschließt, der an seine Anwesenheit im verwandelten Brot und Wein glaubt.

> So bin ich dir, meinem Gott, heute am Morgen begegnet, beim Empfang der heiligen Kommunion in der wunderschönen Kirche von Neustift im Stubaital. Ich habe bewusst diesen Ort am Sonntagmorgen aufgesucht, um zusammen mit vielen anderen Gläubigen dir zu begegnen, aufzuatmen in deiner Nähe. Es war gut und wichtig für mich. Als ich am Nachmittag mit meiner Frau bei strömendem Regen durch den Wald gehe, merke ich, dass du da bist. Ich höre auf den Regen, der auf den Schirm und die Bäume und die Straße fällt: Es klingt, wie wenn es ein Singen wäre zu deiner Ehre. Ich betrachte die Berge um mich herum. Als ich beim Grawa-Wasserfall im Stubaital ankomme, lausche ich dem Rauschen des Gebirgsbaches, der den Gesang des Regens begleitet. Ich bin fasziniert, kann mich nicht losreißen, möchte hier aufatmen und verweilen. Ich atme auf in deiner Nähe, koste deine Nähe, verweile in deiner Nähe, habe Anteil an dir. Ich spüre, wie aus meiner Tiefe ein Gefühl von Lebendigkeit, von Freude und von Erhabenheit aufsteigt. Das Göttliche in mir wird durch das Göttliche außerhalb von mir in Schwingung

gebracht. Du bist da. Du bist nicht weniger da als heute Morgen in der Kirche des heiligen Georgs in Neustift. Mir fallen Sätze von Thomas Merton ein, die er an die Theologin Rosemary Ruether schrieb: »Da gibt es ein wirkliches Gefühl von einer tieferliegenden Wirklichkeit und ein Vertrauen darauf, nämlich ein Gefühl für die Anwesenheit Christi in unserer Welt und das Vertrauen, dass das so ist. Etwas, was ich für keinen Augenblick in Zweifel ziehe. Doch ist diese Anwesenheit dort, wo wir behaupten, dass sie ist? Wir zeigen mit den Fingern (in verschiedene Richtungen) und ich habe das schreckliche Gefühl, dass wir alle in die falsche Richtung zeigen ...«[9]

Ich persönlich bin aus ganzem Herzen Christ und auch Katholik. Ich glaube an die *heilige* katholische Kirche. Ich empfinde eine große Dankbarkeit für die Möglichkeiten, die meine Kirche anbietet, in Kontakt mit Gott zu treten. Am wichtigsten ist für mich dabei die Eucharistiefeier. Ich kenne bei mir zugleich eine Zurückhaltung gegenüber einem allzu starken äußeren Auftreten und Demonstrieren von Beten und Feiern, bei denen leicht die Gefahr besteht, dass *der*, um den es eigentlich geht, zur »Randfigur« wird. Auch bin ich befremdet, wenn jene, die von *ihm* künden, sich in Szene setzen und sich manchmal allzu wichtig nehmen – sich beispielsweise in Gewänder kleiden und mit Titeln zieren, die eine besondere Bedeutung hervorheben sollen. Das ist menschlich und das wird es auch bleiben. Solange das Göttliche – der personale Gott – noch durchstrahlt, ist es noch in Ordnung. Allein er bleibt:

Du Gott,
Du mein Gott,
lässt dich nicht einfangen und festlegen,
mag man auch mit noch so einem
gewaltigen Anspruch auftreten.
Du warst, bist und wirst immer
der Unnachahmbare, Unbegreifliche
und Unsagbare bleiben.
Und dennoch bist Du immer da,
wie Du immer schon da warst
und immer da sein wirst
– so wie Du jetzt da bist.
Ich kann es nicht begreifen,
ich vermag es nicht zu fassen.
Aber Du bist da:
Hier.
Jetzt.
Was will ich mehr?
Ich bin der glücklichste Mensch!
Amen.

Wie kann Gott in unserer Welt sichtbarer und erfahrbarer werden?

Wie kann Gott in unserer Welt mehr sichtbar und erfahrbar werden? In Brot und Wein, die in der Eucharistiefeier verwandelt werden, wird Christus – und durch ihn: Gott – präsent. Erfahrbar wird er für uns aber erst, wenn wir uns dieses Geschehen vergegenwärtigen, wenn wir aus unserer Tiefe her in Kontakt mit Christus treten, wenn wir unsere Herzen und unsere Seelen öffnen, so dass Christus bei uns einkehren kann. »Immer neu geht er auf uns zu – durch Menschen, in denen er durchscheint; durch sein Wort, in den Sakramenten, besonders in der Eucharistie.«[10]

Stille. Alleinsein. Einsamkeit ... Für einige Augenblicke erfahre ich höchste Erfüllung. Nicht laut, ohne irgendwelche überbordenden Gefühle. Alles in mir und um mich herum ist still. Nichts fehlt mir. Ich schwimme in der Ostsee. Es ist kurz nach fünf Uhr in der Frühe. Es ist der Moment, in dem ich einfach zu mir sagen kann: Es ist gut so. Ich brauche nicht mehr. Ich will nicht mehr. Ist das Glück? Ich weiß es nicht.

Dabei habe ich mir heute zunächst schwergetan, den Weg beim Joggen zu sehen. Ich musste mich anstrengen. Ich war froh, als ich am Ufer der See ankam. Der Himmel ist bedeckt. Zwischendurch regnet es leicht. Nur kurz zögere ich, mich auszuziehen. Dann aber tue ich, was ich in den letzten neun Tagen auch getan habe. Ich tauche in das frische Wasser ein und erfahre Kühlung. Ich sehe die See, die Wiese, einige Büsche, weiter entfernt einige Ferienhäuser, da und dort Seevögel, über mir den dunkelgrauen Wolkenhimmel. Und dann diese absolute Stille. Ich denke an Thomas Merton, an seine Schilderungen von Stille und Einsamkeit in der Natur. Ich fühle mich ihm in diesem Augenblick so nahe wie kaum zuvor. Ich rufe in die Stille hinein: »Hallo Thomas!« Ich atme auf in der Nähe Gottes, die ich hier so spürbar erfahre, und spreche aus meinem Herzen: »In deiner Nähe, starker Gott, ist Kühlung.«

Wir erfahren Gott in der Stille, im Schweigen, im Schauen und Betrachten. Wir begegnen Gott in der Natur, wenn wir im Staunen das gewohnte Hinschauen und Nachdenken verlassen und für einen Augenblick angezogen werden von dem ganz Anderen. Ich will Gott aber auch im Lärm und Getriebe des Alltags, in der Hektik einer Großstadt entdecken. Oder in der Routine am Arbeitsplatz. Ich will die Anwesenheit Gottes nicht nur in der heiligen Messe und unter besonderen Umständen erfahren. Ich will Gott und seine Nähe auch im Internet, in der Technik oder in der Disco entdecken, auch dort seine Anwesenheit erfahren. Paul Tillich schreibt: »Wenn ich gefragt werde, was der Beweis für den Sündenfall der Welt ist, pflege ich zu antworten: die Religion selber, nämlich eine religiöse Kultur neben einer Welt dieser Kulturen

– ein Tempel neben einem Rathaus, das Abendmahl des Herrn neben einem täglichen Abendessen, das Gebet neben der Arbeit, Meditation neben Forschung, caritas neben eros.«[11]

Für viele Menschen von heute ist Gott keine wirklich lebendige, Trost spendende Kraft und Person, deren Wirklichkeit in unsere alltägliche Welt einwirkt, meint Ronald Rolheiser.[12] Vor allem aber vermögen heute anscheinend immer weniger Menschen in Kontakt mit Gott zu treten, ihn zu erkennen, gar ihn zu spüren und zu erfahren. Sie erklären Gott für tot, weil er für sie nicht länger existiert. Das erinnert an jene Szene, die Friedrich Nietzsche in seinem Buch *Die fröhliche Wissenschaft* schildert:

Ein Verrückter entzündet am helllichten Tag eine Laterne, rennt auf den überfüllten Marktplatz und schreit: »Ich suche Gott! Ich suche Gott!«, aber die Menschen auf dem Marktplatz lachen über ihn und fragen: »Ist er denn verloren gegangen? Hat er sich verlaufen wie ein Kind? Hält er sich versteckt? Fürchtet er sich vor uns? Ist er ausgewandert?« Da richtet der Verrückte sich auf und ruft. »Wohin ist Gott? ... Ich will es euch sagen! Wir haben ihn getötet – ihr und ich! ... Gott ist tot ... und wir haben ihn getötet!« Dann schweigt er, zertrümmert die Laterne und sagt: »Ich komme zu früh ... ich bin noch nicht an der Zeit. Dies ungeheure Ereignis ist noch unterwegs und wandert – es ist noch nicht bis an die Ohren der Menschen gedrungen ... Diese Tat ist ihnen immer noch ferner als die fernsten Gestirne und doch haben sie dieselbe getan! Sie haben Gott getötet!« Weiter heißt es bei Friedrich Nietzsche: Man erzählt noch, dass der tolle Mensch desselben Tages in verschiedene Kirchen eingedrungen sei und darin sein Requiem aeternam deo angestimmt habe. Hinausgeführt und zur Rede gesetzt, habe er immer nur dies entgegnet: »Was sind denn diese Kirchen noch, wenn sie nicht die Grüfte und Grabmäler Gottes sind?«[13]

Diese Parabel legt – so Ronald Rolheiser – nahe, dass Unglauben nicht eine Art von Atheismus ist, der normalerweise Menschen betrifft, die nicht an Gott glauben. Der Unglaube ist vielmehr ein Phänomen, das unter denen beobachtet werden kann, die als Gläubige gelten. »Gott ist tot«, meint hier nicht, die Existenz Gottes zu verneinen, sondern dass Gott in unserem alltäglichen Bewusstsein und in unserer Wahrnehmung abwesend ist, nicht länger lebendig oder wichtig genug. Wir haben ihn in unserem Bewusstsein, in unserer Wahrnehmung ausgelöscht. Selbst in unseren Kirchen lebt er oft nicht mehr, kommen wir nicht mehr in Kontakt und in Berührung mit ihm. Dort besuchen wir ihn lediglich manchmal, wie wir unsere Toten auf dem Friedhof besuchen.

Eine Weise, die mich davon abhalten kann, mit Gott in Kontakt zu kommen, ist Ruhelosigkeit. Sie beeinträchtigt unsere Fähigkeit, etwas von innen heraus anschauen, betrachten zu können und so ein Gefühl für Gott innerhalb unseres alltäglichen Lebens zu bekommen. Wir sind zu sehr mit unserem Kopf – und Herzschmerzen, Stress, der Sorge um den Haushalt, anfallenden Terminen, den Anforderungen der Gesellschaft und so weiter – beschäftigt.[14] Statt immer wieder einmal durchzuschnaufen und uns über die Welt zu wundern, manipulieren wir sie. Wir vermögen nicht zu sehen, dass in uns und um uns herum ein göttlich initiiertes »Bankett« stattfindet. Das Bewusstsein und die Wachheit dafür, dass Gott zu jedem Augenblick in unserem Leben präsent ist, gehen uns verloren. Gott wird zurückgedrängt in die Kirchen oder in die explizit religiösen Aktivitäten – und selbst dort mitunter eher verwaltet oder lediglich von außen (statt von innen her) gesehen. Das Gefühl und die Wahrnehmung dafür, dass Gott in allen Fasern unseres Lebens präsent ist und eine Rolle spielt, bleiben aus. Wie können wir Gott so erkennen oder erfahren?

Gott ist immer anwesend, aber wir sind nicht immer anwesend in unserer Wachheit für Gott, wir sind nicht immer offen und wach für Gott. Er ist anwesend für uns und hin zu uns, aber wir sind oft nicht anwesend hin zu Gott. Uns gehen oft die Bereitschaft und die Fähigkeit ab, Gott von innen heraus – etwa durch das Meditieren, das Innehalten, das Aufatmen in seiner Nähe, das sich innerlich Einstellen und Ausrichten auf ihn – zu begegnen, mit ihm in Kontakt zu kommen, also kontemplativ zu sein. Dadurch fehlt uns eine ganz vitale Erfahrung mit Gott. Die Erfahrung der Abwesenheit Gottes in unserem alltäglichen Bewusstsein ist die Folge davon.

Stelle dir vor, dass du an einem wunderschönen Sommertag in einem herrlichen Wald spazieren gehst. Die Erde ist erfüllt vom Feuer Gottes. Die Geräusche und die Gerüche sind von solcher Art, dass dir danach ist, die Schuhe abzulegen vor dem brennenden Dornbusch. Aber wenn sich in diesem Augenblick dein Herz und dein Kopf hoffnungslos im Streit miteinander befinden oder du gerade unsterblich verliebt in jemanden bist und dieser dich zurückgewiesen hat, wirst du auf deinem Spaziergang vermutlich nicht viel von der Schöpfung und Schönheit um dich herum sehen. Du bist von deinem seelischen Schmerz hin- und hergerissen, denkst immer wieder darüber nach, was war und was sein wird. Du könntest dich im Moment auch auf einem langweiligen Parkplatz befinden. So bleibst du eingeschlossen in deiner inneren Welt, die dich total absorbiert.[15]

In deiner Nähe, starker Gott …

Wer mit der Wachheit für die Gegenwart Gottes lebt und immer wieder Kontakt mit Gott aufnimmt, aufatmet in seiner Nähe, in seine Nähe eintaucht, der lebt aus der erfahrenen Nähe Gottes. Bei diesem Menschen spüren wir, dass er von der ständigen Anwesenheit Gottes überzeugt ist und er in der Art und Weise, wie er anwesend ist, von Gottes Nähe geprägt und beeinflusst ist: einer, der in den Worten von Teilhard de Chardin »aus der erfahrenen Nähe Gottes« spricht und lebt. Oder wie Matthew Kelty die Begegnungen mit seinem Mitbruder Thomas Merton beschreibt: »Wenn ich mit ihm zusammen war, habe ich immer die Nähe Gottes gespürt. Und in Gottes Nähe zu sein, ist in der Nähe von etwas zu sein, das zugleich wunderbar und furchtbar ist. Wie Feuer. Es brennt.«

Die erfahrene, unmittelbar erlebte Gegenwart Gottes, die innere, ja innigste Gewissheit, jetzt – in diesem Moment – in Gottes Nähe zu weilen, schenkt mir Gelassenheit. Dann kann sein, was ist. Dann kann geschehen, was geschieht. Gott ist da. Nicht laut, nicht demonstrativ, er ist einfach da. Anwesend. In mir. Bei mir. Um mich. Ich bin in ihm.

Es gibt Orte, an denen wir die Gegenwart Gottes in besonderer Weise erfahren. Ich denke an den Hain Mamre, in dem Gott dem Abraham erschien, während er an der Tür seines Zeltes saß. (Vgl. Gen 18,1) Oder an den Berg Horeb, auf dem Mose die Gegenwart Gottes erfuhr. (Vgl. Ex 3) Auch wir erfahren an bestimmten, an heiligen Orten immer wieder die Nähe Gottes. Für uns trifft dann zu, was Moses von Gott gesagt wird: »Tritt nicht herzu, zieh deine Schuhe von deinen Füßen; denn der Ort, darauf du stehst, ist heiliges Land.« (Ex 3,5) Doch die Erfahrung der Anwesenheit Gottes ist nicht auf solche außergewöhnliche Begebenheiten beschränkt. Gott ist *immer* da. Es gilt, sich dessen immer wieder bewusst zu sein und bewusst zu werden.

Wie dem Abraham, der am heißesten Tag vor der Tür seines Zeltes saß, oder wie Mose, der die Schafe hütete, kann uns mitten in einer Beschäftigung – oder einfach beim Ausruhen – die Anwesenheit Gottes in einer besonderen Weise bewusst werden, können wir in besonderer Weise dafür sensibel und empfänglich sein. Dies geht bis dahin, dass wir seine Gegenwart als persönliche Begegnung erfahren dürfen. Dabei können wir aus unserem Innersten heraus spüren: Du, mein Gott, bist da. Diese Gewissheit – wie soll ich sie beschreiben? Ich kann sie nicht beschreiben. Sie ist einfach da. Ganz tief in mir.

Diese Gewissheit zeichnet sich dadurch aus, dass sie nichts beweisen will; dass sie aus dieser Erfahrung nicht irgendetwas an Ansprüchen ableiten will. Wenn ich zu meiner Identität finde, sage ich: »Ich ›weiß‹, wer ich bin.« Dann spüre ich von meiner ganzen Existenz her eine Bestätigung meiner selbst: eine Gewissheit. So ähnlich verhält es sich auch mit der Gewissheit, wenn ich »weiß«, besser erkenne und spüre:

> Du bist da. Das bist du, mein Gott. Ich darf dabei die Erfahrung machen: »*In deiner Nähe, starker Gott, ist Kühlung, Frieden und Geduld.*«

Die Erfahrung der Verbundenheit mit Gott und seiner Nähe nährt. In der Erfahrung von Gottes Gegenwart nährt mich das Brot, das ich in der Hostie als Leib Christi verkoste. Da wird Gott, der in der Hostie »Leib« wird, Leib (und Seele) für mich. Die Theologie und die Lehre der Kirche sagen uns, dass Gott auch ohne die Erfahrung der Nähe Gottes Fleisch annimmt und Gott wirkt, ohne dass ich ihn erfahre und spüre. Daran habe ich keinen Zweifel.

Doch ich habe erst über die Erfahrung der Nähe Gottes – über die Erfahrung, jetzt schon an *ihn* angeschlossen zu sein – zu einer Gottes-Begegnung gefunden, die ich von meiner ganzen Existenz her als echt, tragend und einfach nährend erlebe. Diese Erfahrung ist die »Axis«, die Achse meines Seins. Darauf ist alles ausgerichtet, was mich ausmacht. Von dort her kommen mir Orientierung, Ziel und Sinn. Aus dieser Erfahrung der existenziellen Verbundenheit mit Gott kann ich zu jedem Tag, zu jeder Stunde und zu jeder Sekunde »ja« sagen. Wie ich auch »ja« sagen kann, wenn Gott mich morgen, heute, jetzt, ganz zu sich ruft. Dann bin ich ganz bei *ihm*. Dann bin ich ganz in *ihm*.

Der Besuch einer Eucharistiefeier – besser: die bewusste Teilnahme an der Eucharistiefeier – kann spezieller Ausdruck der Verbundenheit, der Erfahrung der Verbundenheit mit Gott sein. So erlebe ich jedenfalls immer wieder meine Teilnahme an der Eucharistie.

> Ich denke an einen Nachbarn aus meiner Heimatstadt: Ein unauffälliger, freundlicher Mann, ein kleiner Angestellter, der mit seinen zwei Schwestern zusammenlebte. Ich sehe ihn noch vor mir, wie seine Gesichtsfarbe immer

gelber wurde, gezeichnet von einer unheilbaren Krankheit. Er ging jeden Tag in der Frühe zur Messe – mit einer eisernen Treue, vermutlich aber auch aus einem tiefen Bedürfnis heraus. Für ihn, davon bin ich überzeugt, war diese Zeit mit Gott Nahrung, die ihn stärkte. Oder ich denke an so viele Ordensfrauen, die ich kennenlernen und begleiten durfte: Ich bin immer wieder angerührt, mit welcher Hochachtung und mit welcher Liebe sie von der Feier der Eucharistie sprechen. Viele unter ihnen waren schwierigen äußeren Situationen ausgesetzt, zum Beispiel als Missionarinnen. Aus der Begegnung mit Christus in der Eucharistiefeier erfuhren sie Stärkung und Trost.

Ich kenne auch Menschen, bei denen ich nicht erkennen kann, dass ihnen aus der täglichen Eucharistiefeier Stärkung erwächst. Auch gibt es Personen, die oft an der Eucharistiefeier teilnehmen, die diese Erfahrung aber offensichtlich nicht berührt, geschweige denn verwandelt. Für mich ist es aber klar, dass durch die Feier der Eucharistie, wie überhaupt durch Beten – allein oder mit anderen –, durch Meditation und bewusstes Innehalten die Verbundenheit mit Gott in unser Bewusstsein und in unser Fühlen gebracht und dort vertieft werden kann. Das aber hat dann Auswirkungen auf unser Leben und unseren Alltag. Nicht umsonst fallen mir immer wieder Begriffe wie »Nahrung« oder »Stärkung« ein, die gerade auch in schwierigen Situationen Kraft verleihen.

»Der Mensch lebt nicht vom Brot allein, sondern von jedem Wort, das aus dem Munde Gottes kommt.« (Mt 4,4) Dieses Brot der Erfahrung der Verbundenheit mit Gott, der Erfahrung der Nähe Gottes, ist mindestens ebenso wichtig wie das Brot, das uns körperlich am Leben erhält. Es ist die Speise, die uns das Verlangen nach dem »Mehr«, dem ganz »Anderen«, nach dem Ewigen, nach Gott stillt, weil wir einen Geschmack von dem bekommen, was es heißt, bei Gott, einmal ganz in Gott zu sein. »*In deiner Nähe, starker Gott, ist Kühlung, Frieden und Geduld.*«

III. Nimm, Herr, den Atem meiner Seele ganz in dich auf

Die wohl schönste Beschreibung des Verhältnisses Gottes zu den Menschen und der Menschen zu Gott stellen die Liebeslieder des Hohenliedes dar. »Auf diese Weise ist das Hohelied in der jüdischen wie in der christlichen Literatur zu einer Quelle mystischer Erkenntnis und Erfahrung geworden, in der sich das Wesen des biblischen Glaubens ausdrückt. Ja, es gibt Vereinigung des Menschen mit Gott – der Urtraum des Menschen –, aber diese Vereinigung ist nicht Verschmelzen, Untergehen im namenlosen Ozean des Göttlichen, sondern eine Einheit, die Liebe schafft, in der beide – Gott und der Mensch – sie selbst bleiben und doch ganz eins werden.«

Benedikt XVI. [16]

In unserem Bedürfnis und in unseren Wünschen nach erfahrbarer Nähe mit Gott kann sich auch unser Eros melden. Er möchte Buntheit und Lebendigkeit in unser Leben bringen und ist davon beseelt, uns mit sich in Erfahrungsdimensionen zu reißen, bei denen unsere Ur-Sehnsucht nach Vereinigung und Verschmelzung – zumindest für Momente – erfüllt wird.

Liebeszeit mit Gott

Wenn ich bete »*Lass mich ein wenig bei dir ruhn*« und Gottes Nähe suche, dann auch, weil es mich hinzieht zu Gott – so wie es mich hinzieht zu einem Menschen, den ich liebe. Für mich ist daher die Zeit, in der ich in Gottes Nähe aufatme, vergleichbar mit der Zeit, die ich mit einem geliebten Menschen verbringe. Sie ist »Liebeszeit«: die Zeit, Gott zu lieben, ihn wirklich zu lieben, so wie ich einen Menschen liebe. Nicht nur von ihm sprechen oder über ihn nachdenken. Nein! Alle die Gefühle zulassen, die in mir wachgerufen werden, wenn ich jemanden wahrhaft »mit Leib und Seele« liebe. Jede Sekunde auskosten, die ich bei Gott sein kann.

Auch wenn mir Gott kein Gefühl vorschreibt, wie ich ihn lieben soll, er mich »einfach so« seine Liebe sehen und spüren lässt, und aus diesem »Zuerst« Gottes als Antwort auch in mir die Liebe aufkeimen kann, kann mein Verliebtsein in Gott eine Weise sein, Gott tiefer zu erkennen. Hier trifft die

Bedeutung des hebräischen Wortes für *erkennen* zu, das *erkennen* auch erotisch versteht. Im Verlieben werde ich des anderen inne. Ich werde ihn »an meinem Puls« verspüren, wie es der Dichter John Keats formuliert. [17] Nach Auffassung des Anthropologen Daniel Levy-Brühl können wir Gott niemals durch rein rationale, logische Methoden verstehen. Der einzelne Mensch muss vielmehr an Gott teilhaben durch einen »direkten und intimen Kontakt ... kurz das, was Plotin als Ekstase beschrieben hat«[18]. Es kommt zu einer mystischen Durchdringung und Vereinigung.

So kann jenes Gefühl in uns entzündet werden, das – so Papst Benedikt XVI. in seiner Enzyklika *Deus caritas est* – »eine großartige Initialzündung zu echter Liebe sein kann«[19]. Im Verlieben kann sich nämlich auch ein tiefes Verlangen nach einer lebendigeren und leidenschaftlicheren Spiritualität melden. Verlieben wir uns, werden in uns Gefühle wach, die in uns leben möchten und endlich beachtet werden wollen. Was sich in diesen Gefühlen meldet, kann von der geliebten Person allein nicht erfüllt werden. Es würde sie überfordern. Sie müsste uns enttäuschen.

Begnügen wir uns nicht damit, die Angebetete zur Göttin, den Angebeteten zum Gott zu machen, kann uns die Sehnsucht, die wir im Verlieben spüren, letztlich weiterführen: zur Begegnung mit dem ganz Anderen, die Carl Gustav Jung als Andeutung einer unsichtbaren Präsenz bezeichnet, vor der »den Menschen ein Schauer überfällt«[20]. Es kann das Numinose, das ganz Andere sein, die in diesen Momenten bei uns anklopfen. Sie wollen, dass wir sie in unser Leben, in unsere Gegenwart und vor allem aber in die Erfahrungswelt unserer Beziehung zu Gott einlassen, damit sie diese Beziehung bereichern und vertiefen.

Eros will uns zu Gott hinreißen

Im Verlieben meldet sich unser Eros, der Saft und Farbe in unser Leben bringen und unser Herz und unsere Seele erfreuen will. Der Eros will in uns die Freude am Schönen wecken und uns zum »Tanz des Lebens« einladen. Der Eros will uns tiefer an Erfahrungen heranführen, die uns über uns hinausführen. Ein positives Verhältnis zum Eros kann dazu beitragen, in ihm auch eine Kraft zu sehen, die die innige Beziehung zu Gott sucht und diese Beziehung zu Gott fühlbar und sinnlich erfahrbar macht.

»Ja, *Eros* will uns zum Göttlichen hinreißen, uns über uns selbst hinausführen.«[21] Der Eros wird dadurch nicht vergöttert oder in seiner auch zerstörerischen Kraft verkannt. Vielmehr wird die Dynamik, die ihm in einer Liebesbeziehung und überhaupt in unserer Beziehung zu Gott zukommen kann, gewürdigt.

In der chassidischen Tradition gibt es eine Parabel über einen Mann, der Hufschmied werden wollte. Er kaufte sich einen Hammer, einen Amboss und einen Blasebalg. Aber er konnte das Eisen nicht biegen. Es gab kein Feuer, keine Flamme, keine Hitze in seinem Schmiedeherd. Er hatte alles mit der Ausnahme von dem, was am wichtigsten ist – das Feuer, die Flamme, die Hitze, die das Eisen erst dehnbar, veränderbar macht. Für mich ist das ein Bild, das deutlich macht, was in unserem Glauben, in unserer Beziehung zu Gott oft fehlt. Solange es uns an Eros als jener treibenden Kraft und als Quelle unserer Leidenschaft fehlt, fehlt uns etwas oder sogar das Entscheidende. Lasse ich in meiner Beziehung zu Gott meinen Eros zu, dann kann das meine Beziehung zu Gott vertiefen. Ich kann dann auch in meinem Beten, wenn ich aufatme in Gottes Nähe, leidenschaftlich mein Verlangen und Sehnen nach Gott zum Ausdruck bringen, etwa wenn ich Psalm 63 bete:

»Gott, du bist mein Gott,
früh erwache ich zu dir,
es dürstet meine Seele nach dir;
mein Fleisch verlangt nach dir
in einem trockenen und dürren Lande,
da kein Wasser ist.«

Wenn meine Seele nach Gott dürstet und mein Fleisch nach Gott verlangt, sehne ich mich so sehr nach Gott, wie wir uns nach dem Menschen sehnen, den wir lieben und dem wir nahe sein möchten. Liebe zeigt sich im Dasein füreinander, in der Treue zueinander, in der gegenseitigen Verantwortung und im Respekt. Liebe kennt aber auch das Sinnenhafte, die Leidenschaft, das Brennen und Begehren. Das aber ist etwas Wunderbares, Gott-

Gewolltes, Gott-Volles, ein kostbares und einzigartiges Geschenk, »wo uns die vom Schöpfer zugedachte Freude ein Glück anbietet, das uns etwas vom Geschmack des Göttlichen spüren lässt«[22]. Dieses Brennen und Begehren gehört mit zu dem Schönsten und Tiefsten, was wir Menschen als Gabe besitzen. Der Mystiker Wilhelm von Saint-Thierry schreibt:

> »Wenn Zwei sich zärtlich küssen, hauchen sie sich gegenseitig ihren Atem ein. Das ist wie ein Duft, von dem sie sich wunderbar durchdrungen fühlen.«

Sprich auch du mit Gott in deinem Herzen:

> »Nimm, Herr, den Atem meiner Seele
> ganz in Dich auf.
> Wende Dich nicht von ihm ab.
> Ich hauche ihn ganz in Dich ein ...
> Und Du hauche Deinen Atem
> ganz in mich ein –
> Er duftet ja ganz nach Dir –,
> damit mein Atem von Deinem
> Wohlgeruch erfüllt wird.«[23]

Dieses Sinnenhafte und Leidenschaftliche lässt uns innerlich erzittern, lässt uns ergriffen sein und lässt uns ahnen, was es heißt, vom Heiligen berührt zu werden, das ganz Andere und Numinose zu erfahren. Wir machen dann die Erfahrung »dass Liebe irgendwie mit dem Göttlichen zu tun hat. Sie verlangt Unendlichkeit, Ewigkeit – das Größere und ganz andere gegenüber dem Alltag unseres Daseins«[24].

»Er küsse mich mit dem Kusse seines Mundes«

Lassen wir die Erfahrung des Verliebtseins in Gott zu, dann lassen wir das im Verlieben steckende Transzendenzpotenzial zu, das uns zur innigen Verbindung mit dem *Einen,* Gott, hindrängt. Die Mystikerinnen und Mystiker zeigen in ihrer Liebespoesie, dass sie ihre Gottesbegegnung nicht weniger sinnlich erlebt haben als andere Liebespartner ihre sexuelle Begegnung, die ebenfalls eine spirituelle Dimension hat. Die Erfahrung des »Eins-Seins« – wenn aus zwei eins wird – setzt im Grunde die Erfahrung des Transzendenten voraus. »Denn nur an der Stelle, wo Menschen das Absolute berühren, können sie ineinander übergleiten und zu geistiger Einheit verschmelzen«, meint Walter Schubart.[25]

Das Gedicht *Die dunkle Nacht des Geistes, der Sinne und der Seele* des Mystikers Johannes vom Kreuz beschreibt die Begegnung mit Gott mit den Worten einer menschlichen Liebesbeziehung. Dort heißt es unter anderem:

»In einer dunklen Nacht,
entflammt von Liebessehnen,
o seliges Geschick!
Entfloh ich unbemerkt,
da nun mein Haus in Ruhe lag.

O Nacht, die mich lenkte!
O Nacht, holder als das Frührot!
O Nacht, die den Geliebten
mit der Geliebten vereinte,
die Geliebte in den Geliebten wandelte.

So blieb ich und vergaß mich selbst,
neigte das Antlitz über den Geliebten.
Alles erlosch, ich gab mich auf,
ließ meine Sorge fahren,
vergessen unter Lilien.«[26]

Diesen Text schreibt jemand, der vor lauter Sehnsucht nach Gott fast verbrennt – wie ein Verliebter sich in seiner Sehnsucht nach der Geliebten verzehrt. Alle, die einmal bis über beide Ohren verliebt waren, wissen ein Lied davon zu singen: ein Freudenlied, wenn ihre Liebe erwidert wurde, und ein Klagelied, wenn das nicht der Fall war.

Dieses Feuer, das von innen brennt und das wir immer wieder in menschlichen Beziehungen erfahren dürfen, ist das gleiche Feuer, das in der Beziehung zu Gott brennen kann. Dieses Feuer lässt sich aber nicht durch »spirituelle Trockenübungen« entfachen. Es entsteht, wenn Menschen in ihrer Beziehung zueinander und in der Beziehung zu

Gott Eros, Sexualität und – einhergehend damit – ihre Leidenschaft zulassen und dabei Erfahrungen machen, bei denen ihr Leib, ihre Sinne, ihr Herz und ihre Seele angesprochen werden.

Oder man denke an die heilige Theresa von Avila, die ihre wichtigste mystische Erfahrung – wunderbar dargestellt in Gian Lorenzos Berninis *Verzückung der heiligen Theresa* – in ihrer »Autobiographie« in die Worte kleidet:

> »Neben mir, an meiner linken Seite, sah ich einen Engel unter lieblicher Gestalt ... In seiner Hand trug er einen langen goldenen Pfeil, gefüllt mit Feuer. Er drückte mir denselben mehrere Male durch's Herz, ganz tief in mich bis in die Eingeweide hinein. Als er ihn wieder herauszog, war ich wie weggerissen und ergriffen vor lauter Liebe zu Gott. Das alles verursachte mir einen so großen Schmerz, dass ich laut in Seufzen ausbrach. Doch zugleich empfand ich eine so gewaltige Süße, dass ich mir wünschte, sie möge niemals aufhören.«[27]

Die wohl schönste Beschreibung des Verhältnisses Gottes zu den Menschen und der Menschen zu Gott stellen die Liebeslieder des alttestamentlichen Hohenliedes dar. »Auf diese Weise ist das Hohelied in der jüdischen wie in der christlichen Literatur zu einer Quelle mystischer Erkenntnis und Erfahrung geworden, in der sich das Wesen des biblischen Glaubens ausdrückt. Ja, es gibt Vereinigung des Menschen mit Gott – der Urtraum des Menschen –, aber diese Vereinigung ist nicht Verschmelzen, Untergehen im namenlosen Ozean des Göttlichen, sondern eine Einheit, die Liebe schafft, in der beide – Gott und der Mensch – sie selbst bleiben und doch ganz eins werden[28].«

Früher dachte ich, das Hohelied sei nur allegorisch zu deuten, die erotischen und sexuellen Beschreibungen und Ausdeutungen seien lediglich als Bilder theologischer Aussagen zu verstehen. Dies ist aber eine unannehmbare Reduzierung, die die menschliche Liebe, die das Hohelied auch beschreibt, nicht entsprechend würdigt. Für mich ist das Hohelied auch ein hohes Lied auf die menschliche Liebe und Sexualität. Das Hohelied kann aber auch ein hohes Lied auf meine innigste Liebe zu Gott und seine innigste Liebe zu mir sein.

Ich wache auf, bin noch in Berührung mit den Nachwehen meiner Träume und vernehme tief aus mir kommend meine Sehnsucht nach Gott. Endlich ist sie wieder da, nachdem sie lange so fern schien. Aus meiner tief empfundenen Sehnsucht nach Gott fallen mir die Anfangsworte des Hohenliedes zu: »Er küsse mich mit dem Kusse seines Mundes.« (Hld 1,2) Ja, küsse mich mit dem Kusse deines Mundes. Du, mein Gott. Du mein ein und alles. Alles in mir ist im Augenblick hingestreckt zu dir. Nur zu dir. Später lese ich im Hohenlied weiter: »Zieh mich dir nach ... Führe mich in deine Kammer.« (Hld 1,4) ... »Sage mir an, du, den meine Seele liebt, wo du weidest.« (Hld 1,7)

Es geht gar nicht um die einzelnen Formulierungen im Hohenlied. Es geht darum, mich von dem Text mittragen zu lassen. Ja, meiner so spürbaren Liebe zu Gott im Lesen und Sprechen des Textes Ausdruck zu verleihen. Mir Worte zu leihen für meine Liebe und meine Liebe zu Gott in mir zum Klingen zu bringen. Dies ist mit dem innigen Austausch menschlicher Liebespartner vergleichbar, die auf die zärtlichste Weise von ihrer Liebe zueinander sprechen und sich dabei immer wieder innigst küssen. So wird das Hohelied zum Gebet, in dem ich meine innigste Beziehung mit Gott besinge und bestärke, ja zum Ausdruck bringe, erfahre und lebe. Ich trete in die unmittelbare Beziehung zu Gott und werde dessen inne, der längst meiner innegeworden ist.

»Deine Linke liegt unter meinem Haupte, deine Rechte herzt mich.« (Hld 2,6) Ich schließe die Augen und stelle mir vor, wie du, mein Gott, mich herzt. Ich genieße es. Ich lasse es einfach geschehen. »Lass mich ein wenig bei dir ruhen!« Was sage ich? Ein wenig? Lass mich immer bei dir ruhen, lass mich immer dir nahe sein. Stör' die Liebe nicht, bis es ihr selbst gefalle. Was fallen mir nicht alles für Stimmen ein, die mir sagen, dass solches Sprechen von Gott – ihn zu »vermenschlichen und zum Liebespartner zu machen« – nicht gehe: »Da machst du dir etwas vor. Da verniedlichst du Gott.« Allein, ich höre nicht auf euch. Ich halte euch entgegen: »Stört die Liebe nicht.« (Hld 2,3)

Haltet euch da heraus. »Unter seinem Schatten zu sitzen, begehre ich ... Die Liebe ist sein Zeichen über mir.« (Hld 2,3f) »Ich bin krank vor Liebe.« (Hld 2,5) Ich danke dir, Gott, für deine Liebe. Du hast nichts dagegen, so von dir zu sprechen, die durch dich erfahrene Nähe und Liebe in solche Worte zu kleiden. Also, lass mich noch ein wenig bei dir ruhen, meinen Kopf an deine Linke schmiegen, während deine Rechte mich herzt.

I am in love with you

Wenn ich mich in Gott verliebe, lasse ich alles zurück, an dem ich mich festhalten könnte, mich selbst eingeschlossen. Ich habe keinen Rückhalt mehr. Es ist tatsächlich so, wie es Thomas Merton beschreibt: »Sie sind auf einer Party. Sie haben mehr getrunken, als Sie vertragen können. Sie beschließen, ein wenig im Garten spazieren zu gehen. Sie bemerken nicht, dass ein Schwimmbecken da ist – und plötzlich müssen Sie schwimmen! Zum Glück fischt man Sie heraus, und Sie sind nass, haben aber sonst keinen Schaden gelitten. So ist die Liebe ... Manchmal ist das Becken natürlich auch leer. Dann werden Sie nicht nass, sondern schlagen sich den Schädel ein oder brechen sich den Arm.«[29]

Sich in Gott verlieben, das heißt, sich in Gott verlieren. Wenn ich mich in Gott verliebe, dann gehe ich weg von mir, dann falle ich in ihn. Dann steht nicht länger mein Ich im Mittelpunkt, sondern Gott wird zu meinem Mittelpunkt, zu meinem »Ich«. Dieses Geschehen ist dann aber nicht länger ein nur romantisches Unternehmen. Wenn ich mich in Gott verliebe, mag ich mich anfangs »wie im siebten Himmel« fühlen. Doch dabei bleibt es nicht. Dabei kann es gar nicht bleiben!

Gott zu lieben heißt, sich Gott in Liebe hinzugeben. Dazu braucht es eine Liebe »ohne Bedingung und Einschränkung«.[30] Es ist zugleich eine Liebe auf jemanden hin, den ich nicht sehe. Da ist es gar nicht entscheidend, ob ich Gott sehe oder kenne, wie ich einen Menschen kenne. Vielleicht – oder sogar: ganz sicher – ist es besser, dass ich Gott nicht sehe. Weil ich ihn ja nicht wegen seines Aussehens liebe, wegen seiner Ausstrahlung oder wegen weiß Gott was. Ich liebe ihn bedingungslos. Ich liebe *ihn*, mein Alles.

Ich liebe Gott ohne Einschränkung. Ich lasse einfach all meine Liebe zu ihm hinfließen. Ich halte nichts zurück. Alles, was an Liebe, an Zuneigung und Leidenschaft in mir für ihn da ist, lasse ich zu. Da gibt es keine Grenzen. Ich lasse das Tiefste in mir, meine innigsten Empfindungen und Gefühle zu Gott hinströmen. Ich muss diesen Fluss nur zulassen, schon spüre ich, wie mein Innerstes in Bewegung gerät, sich in mir die Gefühle aufwogen, die zu Gott hindrängen. Ich lasse alles einfach zu, lasse mich mittragen. Ich halte nichts zurück und auch ich halte mich nicht länger zurück. Ich überlasse mich den Fluten, die mich hintragen zu Gott.

Ich erlebe etwas Faszinierendes. Ich muss gar nichts dafür tun, sondern es nur zulassen, mich durch nichts und niemanden davon abhalten lassen. Da gibt es tief in mir eine Kraft, eine Dynamik, die es hin zu Gott drängt. Diese Kraft ist einfach da und will nur zugelassen werden. Warum sollte ich sie nicht zulassen? Wer oder was sollte mich daran hindern? Die Vernunft, andere, die mir sagen, ich säße da irgendeiner fragwürdigen Vorstellung auf? Nein!

»I am in love with you.« Mit diesen Worten in meinem Herzen bin ich aufgewacht. Mein Herz strömt über vor Liebe zu dir, meinem Gott. »Being in love with God« zu erfahren heißt – so Bernard Lonergan –, Gott auf eine grenzenlose Weise zu lieben.[31] Ich hänge mich an einen Beatles-Song an und meine Seele singt: »I am in love with you.« Immer und immer wieder singe ich es. Bis mein Singen zum Gebet wird, bis ich nur noch von dieser Liebe zu Gott erfüllt bin. Beim Joggen, beim Bad in der Ostsee rufe ich laut hinaus: »I am in love with you.«
Ich bin es wirklich. Ich spüre eine tiefe Liebe zu dir, meinem Gott. Ich kann nichts dafür. Aber sie ist da, einfach da. Allein die Vorstellung, ein so kostbares Geschenk zu besitzen, dich, vom Grund meines Herzens her lieben zu dürfen und lieben zu können, überwältigt mich. Ja, die Liebe zu dir – dieses ganz tief in mir vernehmbare, innigste Gefühl für dich, auf dich ausgerichtet – überwältigt mich. Es lässt

mich tief ergriffen sein. Eine große Dankbarkeit erfüllt mich: Dankbarkeit für dieses Geschenk, dieses Privileg.

IV. Hätte aber die Liebe nicht …

»In Wirklichkeit lassen sich Eros und Agape – aufsteigende und absteigende Liebe – niemals voneinander trennen. Je mehr beide in unterschiedlichen Dimensionen in der einen Wirklichkeit Liebe in die rechte Einheit miteinander treten, desto mehr verwirklicht sich das wahre Wesen von Liebe überhaupt. Wenn Eros zunächst vor allem verlangend, aufsteigend ist – Faszination durch die große Verheißung des Glücks –, so wird er im Zugehen auf den anderen immer weniger nach sich selbst fragen, immer mehr das Glück des anderen wollen, immer mehr sich um ihn sorgen, sich schenken, für ihn da sein wollen. Das Moment der Agape tritt in ihn ein, allenfalls verfällt er und verliert auch sein eigenes Wesen.«

Benedikt XVI.[32]

Die Zeit mit Gott kann eine Zeit sein, in der du in eine innige Beziehung zu ihm eintauchst. Doch dann kommt auch wieder die Zeit, in der du die Beziehung mit Gott in deine Beziehung zu den Menschen und in deine Arbeit hineinträgst und lebst. So führt dich die Liebe zu Gott in die Liebe zu den Mitmenschen – bis dahin, dass die Liebeszeit mit Gott beim Gebet sich fortsetzt im Alltag. Dann bist du dir mitten im Lärm eines Betriebes, eines Büros, während viele Menschen um dich herum sind, immer wieder der Anwesenheit Gottes bewusst. Du kannst von diesem Bewusstsein her und aus dieser liebevollen Haltung heraus, die du Gott gegenüber hast, deinen Mitmenschen begegnen.

All you need is love

»All you need is love.« Dieser Song der Beatles ist das Lieblingslied von Robert Neudek, dem Gründer der Hilfsorganisation *Kap Anamur*. Alles, was der Mensch benötigt, ist Liebe. Immer und immer wieder treibt mich dieses Thema um: Liebe. »All you need is love, love, love.« Da ich stark vom Spirituellen geprägt bin und von dort her denke, sind für mich Liebe und Gott nicht voneinander zu trennen. Mir fällt das Taizé-Lied ein: »Gott ist nur Liebe.« Gott zu lieben heißt, bedingungslos und grenzenlos zu lieben. Gott! Und die Menschen? Kann ich Gott grenzenlos und bedingungslos lieben, ohne nicht zugleich die Menschen, seine Schöpfung bedingungslos zu lieben?

Ich befinde mich im Refektorium der Bischofsburg von Haapsalu in Estland – jedenfalls in dem, was von ihm übrig geblieben ist. Vor 700 oder gar 800 Jahren trafen sich hier die Domherren und Gäste zum Essen. Sie beteten hier in der Domkirche. »All you need is love.« Dieses Lied kannten sie noch nicht. Aber die darunter liegende Melodie, die darunter liegende Dynamik war ihnen sicher nicht fremd. Als der Komponist Peter Tschaikowsky diesen Ort besuchte, war er von den Ruinen der Bischofsburg so sehr beeindruckt, dass er sich davon für sein Klavierstück in e-moll »Ruines d'un château« inspirieren ließ. Gestern gab der Popsänger Alice Cooper hier ein Konzert. Gerade sind viele Arbeiter dabei, die Bühne abzubauen und den Platz wieder herzurichten. Welche Melodien waren hier gestern zu hören? Welche Melodie, welche Musik lauschte Tschaikowsky den Ruinen ab? Vielleicht war auch bei ihnen die darunter liegende Melodie »All you need is love« – jene Melodie, die jetzt mein Herz und meine Seele singen, während aus der Ferne und in der Tiefe das »Gott ist die Liebe« ertönt, bis beide Lieder zu einem Gesang werden, ja, ich selbst zu diesem Gesang werde, voll von Liebe zu Gott, den Menschen und der Schöpfung.

Wenn ich voll von Liebe zu Gott bin, wird alles andere zweitrangig. Oder besser: alles wird im Licht der Liebe und durch die Liebe zu Gott gesehen.

Ich denke an eine junge Frau, die unglücklich verheiratet ist. Für sie war es wichtig, ihre Liebe zu Gott zu entdecken. Jetzt befürchtet sie, ihre Liebe zu Gott könnte in Konkurrenz zu ihrem Mann treten. Ob ihre Liebe zu Gott an die Stelle ihrer Liebe zu ihrem Mann getreten ist, kann ich nicht beurteilen. Auch das kann passieren. Doch die Liebe zu Gott muss keineswegs an die Stelle der menschlichen Liebe – zum Beispiel in einer Ehe oder Partnerschaft – treten. Wenn ich voll von Liebe zu Gott bin, dann kann diese grenzenlose Liebe meine Liebe zu dem Menschen, den ich liebe, »überschwemmen« und ihr neuen Schwung, Leidenschaft und Tiefe schenken. Auf der anderen Seite nimmt meine Liebe zu einem anderen Menschen nichts von meiner Liebe zu Gott. Denn, so Teilhard de Chardin:

> »Die Tatsache, dass ein Mann sein Herz auf eine Frau zentriert, bedeutet nicht *notwendig*, dass dieser Mann sich in seiner Beziehung zum Göttlichen gefühlsmäßig ›neutralisiert‹ findet. Durch den weiblichen Stern *hindurch* kann die göttliche Sonne (weil viel stärker) noch wahrgenommen werden. Sie kann scheinen, und selbst mit einem lebendigeren Ausdruck, auf der gleichen Linie und darüber.«[33]

Liebe als die positive, transzendente spirituelle Kraft, die uns zu verwandeln vermag

Ich sehne mich nach der positiven, transzendenten spirituellen Kraft, nach der Liebe, die uns und unsere Welt zu verwandeln vermag. Damit meine ich eine Liebe von mystischer Intensität, die sich verzehrt und verzehren will, eine Liebe, die »eine besondere Form der Anbetung«[34] ist, eine Liebe der Hingabe, in der ich alle Zurückhaltung aufgebe, um mich rückhaltlos Gott zu überlassen.

Erst wenn wir in die Liebe fallen und uns der Dynamik der Liebe überlassen, werden wir vollständig. »Wir werden niemals vollständig wirklich werden, bis wir uns in Liebe fallen lassen – entweder zu einem anderen Menschen oder zu Gott.«[35] Im Zulassen der Liebe – der grenzenlosen, ausufernden Liebe – zu Gott erweitern wir uns, wachsen wir, ja verwirklichen wir uns. So ist die Liebe zu einem anderen Menschen und zu Gott eine »positive Kraft, eine transzendente spirituelle Macht«[36], die unser Leben nach vorn treibt, die uns letztlich erst ganz macht. Sie ist eine »verwandelnde Kraft von fast mystischer Intensität, die den Liebenden Qualitäten und Fähigkeiten verleiht, von denen sie nicht einmal im Traum gedacht hätten, dass sie diese besitzen könnten«[37].

Atme auf in der Nähe Gottes, öffne dein Herz und deine Seele, so dass deine innigsten Gefühle hinströmen können zu Gott. Spüre, wie die Fühler deiner Seele sich ausrichten auf Gott, um seine Nähe zu ertasten und zu erspüren. Lass all deine Liebe zu Gott hinströmen und sei bereit, alle Liebe, die Gott dir in diesem Moment schenkt, zu empfangen. Denke an die Menschen in deiner Nähe und in der Ferne, die der Liebe bedürfen: deiner Liebe und Gottes Liebe. Spüre deine Verbundenheit mit ihnen, während du weiterhin in Gottes Nähe verweilst. Tauche alle diese Menschen in den Strom der Liebe ein, der von dir zu Gott, von Gott zu dir fließt. Lass dich von der erfahrenen Liebe Gottes energetisieren, auf Menschen zuzugehen, die deiner Zuwendung, deiner Liebe, in Worten und in Taten bedürfen.

All meine Barmherzigkeit ist entbrannt

Je älter ich werde, desto deutlicher wird mir, wie sehr die Liebe im Zentrum unseres Glaubens steht. Sie ist die Essenz unseres Glaubens. Ihr gilt es wieder die Vorrangstellung in unserem Glauben einzuräumen. Sie gilt es in all dem »theologischen Gewölk« und »kirchlichen« Gehabe neu zu entdecken. Sie ist dort – oft verborgen und mit Nebensächlichkeiten und allzu Menschlichem überfrachtet – immer noch zu finden. Sie ist stärker als die vielen »Verpackungen«, in die sie eingewickelt – und dabei oft versteckt oder entstellt – wurde. Die Liebe ist stärker als das Machtgehabe und die zuweilen unerträgliche Selbstdarstellung kirchlicher Vertreter. Sie ist stärker als deren Unsensibilität im Umgang mit ihren Mitarbeitern, ihr autoritäres Verhalten oder ihre fromm klingenden Worte, die mangels Überzeugungskraft – und eben mangels Liebe – leere, hohlklingende Worte bleiben. Mit kaum überbietbarer Deutlichkeit formuliert Thomas Merton:

> »Es ist klar, dass in jeder institutionellen Einrichtung es irgendeine sichtbare Autorität und irgendeine Form von Gesetz geben muss. Diese Autorität und dieses Gesetz müssen aber dadurch gerechtfertigt werden, dass sie, wie auch die Sakramente und der Sabbat, *propter homines* da sind. Sie dürfen nur dazu dienen, das Klima der Barmherzigkeit, die lebensspendende Vergebung und Versöhnung, zu schützen und zu bewahren. Daher ist es Missbrauch, wenn Autorität und Macht Selbstzweck werden, dem das Wohl der Menschen untergeordnet wird; wenn, mit anderen Worten, zugelassen wird, dass Seelen, für die Christus gestorben ist, zerstört werden, nur damit die Macht unangetastet bleiben kann.«[38]

Liebe ich Gott wirklich, dann liebe ich ihn bedingungslos und grenzenlos. Dann aber kann ich gar nicht anders, als alle zu lieben, die Gott liebt. Denn echte Liebe zu Gott ist überfließend. Sie muss und will sich ausbreiten über die Menschen, die durch Gottes Liebe mit Gott selbst verbunden sind. Ja, in meinem innigen Lieben zu Gott begegne ich Gott, der selbst Liebe, Güte und Barmherzigkeit ist.

In meiner Liebe zum Nachbarn oder zum Fremden – in meinem Mitleiden und Erbarmen – konkretisiert sich Gottes Barmherzigkeit: wird Gott Mensch. Entscheidend ist die »Initialzündung«, die die in mir liegende Fähigkeit zu grenzenloser Liebe – wie sie im Mitleiden zum Ausdruck kommt – in Bewegung setzt und fließen lässt.

Diese Dynamik kommt spätestens dann in Gang, wenn ich mich in Gott verliebe. Der englische Ausdruck dafür, »to fall in love«, drückt besser aus, was das meint. Ich falle in die Liebe. Ich falle hinein, ob ich es will oder nicht. Und dann bleibt mir gar nichts mehr anderes übrig, dann kann ich gar nicht anders, als mich dieser Liebe zu überlassen und mich von dieser Liebe führen zu lassen. Diese Liebe zu Gott führt mich aber unausweichlich in das Erbarmen, das sich mir aufdrängt, wenn ich den Menschen, den ich liebe, in Not erlebe, ihm Unrecht oder Gewalt angetan wird oder er einer anderen schrecklichen Situation ausgesetzt ist. Dann ist – wie es bei Hosea heißt – »all meine Barmherzigkeit entbrannt« (Hos 11,8), meine Magengrube dreht sich um, bäumt sich auf. Es erbarmt mich des anderen.

In dem Wort »Erbarmen« kommt bereits etwas von der Dynamik zum Ausdruck, die sich in der Haltung der Barmherzigkeit und der sich daraus ergebenden Handlung zeigt. Barmherzigsein ist eine Haltung – auch eine Seinsweise –, in der und bei der wir uns transzendieren, also über uns hinausschreiten. Es ist Gott, der sich selbst in meinem Mitleiden des anderen erbarmt. Hier vermischt sich Menschliches und Göttliches. Hier wird Gott noch einmal Mensch. Der Regisseur Christoph Schlingensief sagt:

> »Deutschland kann etwas von *Parsifal* lernen. Er soll ja über einen Erkenntnisprozess Mitleid lernen, das soll Deutschland auch. Wir sollen Mitleid haben mit den Hartz-IV-Empfängern, mit unserem Konto, mit Schröder, mit dem Osten. Das ist aber nicht wirklich Mitleid, sondern nur Selbstmitleid. Wer denkt an Afrika? Symbole wie Bob Geldofs Live 8 bringen uns nicht weiter. Mitleid gibt es erst, wenn man selbst nichts mehr zu fressen hat. Alles andere ist Heuchelei. Es gibt auch ein Bedürfnis nach echten Gefühlen, nach Religion, nach Erlösung.«[39]

Die Seele ist da, so sagt Meister Eckhart, wo Gott Mitleid bewirkt. Er will damit – so Matthew Fox – sagen, »dass wir erst dann eine Seele haben, wenn wir ein Feld werden, auf dem Gott Mitleid bewirkt. Oder anders formuliert: wir werden nicht mit einer Seele geboren. Wir müssen sie in gewisser Hinsicht erst machen. Man macht die Seele sozusagen durch Leben – indem man Lust und Leid lebt –, und aus beiden wird Mitleid geboren ... Das ist die reichste mystische Tradition von Ost und West, nämlich die, die sagt, dass Seele Mitleid ist, das Werk von Mitleid. Mitleid ist Arbeit, es ist nicht einfach bloß da«[40].

In der 93-jährigen Schwester Lea, die seit über 40 Jahren in der Nähe der Benediktinerabtei Ndanda für Lepra-Kranke da ist, begegnet mir die inkarnierte Lebendigkeit und Heiterkeit. Ich frage sie, was ist die Quelle ihrer Freude und Hoffnung? Der *Herr*, antwortet sie. Während ich das in der Abtei Ndanda in meinem Zimmer – dem sogenannten »Bischofszimmer« – aufschreibe, fällt mein Blick auf ein Bild in meinem Zimmer, das ich bisher noch gar nicht beachtet hatte. Es zeigt den auferstandenen Christus, der an einem weißgedeckten Tisch steht und das Brot bricht, während ein Emmausjünger vor ihm kniend die Hand in seine Richtung hin ausbreitet. Der andere Jünger faltet ergriffen die Hände. Es ist der Moment, in dem sie *ihn* erkannten, »als er das Brot brach«. (Lk 24,35) Bereits früher hatte ihr Herz gebrannt, als er mit ihnen redete und ihnen die Schrift erklärte. In der Begegnung mit Schwester Lea brannte mein Herz.

Die Liebe zu Gott will dazu beitragen, dass wir uns nach links und nach rechts zu unseren Mitmenschen ausstrecken. Sie will ein Ausfluss unseres Herzens sein, will, dass wir uns für unseren Nächsten, für andere Menschen öffnen und dass unser Herz für sie schlägt. Gottesliebe unter Umgehung von Menschenliebe geht nicht.

Meine Bereitschaft, auf den Nächsten zuzugehen, macht mich fühlsam für Gott

Wenn ich mit meinem Innersten in Berührung bin, dann bin ich nicht nur bei mir und mit mir in Berührung. Dann bin ich nicht nur sensibel für mich, nehme nicht nur wahr, was in mir und bei mir abläuft. Wenn ich mit meinem Innersten in Berührung bin, dann bin ich auch sensibel für den Bruder und die Schwester, für meine Mitmenschen. Dann schlägt mein Herz nicht nur für mich, sondern es schlägt auch für sie. Dann kann ich nicht anders, als Trauer angesichts der Not und des Schmerzes meiner Mitmenschen empfinden. Mein Innerstes kann dann nicht anders, als sich zu melden und in Bewegung zu geraten.

»Es bewegt mich etwas ...«, sagt man oft. Doch das ist zu schwach formuliert, um auszudrücken, was in mir geschieht, wenn ich mit großem menschlichen Leid konfrontiert werde. Mein Innerstes bewegt sich. Hier hilft das Bild von den »Eingeweiden« als Bild für das Herz des Menschen. »Meine Eingeweide ziehen sich zusammen« als unmittelbare und selbstverständliche menschliche Reaktion auf eine spürbare Not meiner Mitmenschen. Ich zucke zusammen, bleibe nicht ungerührt. Meine Tränen werden in meiner Tiefe entbunden, entstammen dem »Grundwasser« meiner Seele.

Bilder aus den Konzentrationslagern: Gesichter von Menschen von unsäglicher Traurigkeit und Hoffnungslosigkeit gezeichnet, zu Skeletten abgemagerte Männer, Leichenberge – das sind keine gestellten Bilder. Das sind Bilder von Menschen, die es gab und die sich in einer furchtbaren, menschenunwürdigen und ausweglosen Situation befanden. Mein Innerstes rührt sich. Tränen stehen mir in den Augen. Ich spüre eine tiefe Verbundenheit mit diesen Menschen. Ich spüre ein tiefes Mitgefühl mit meinen Mitmenschen, die dieser unfassbaren, menschenverachtenden Situation ausgesetzt waren. Ich begegne Menschen in Situationen von Ausweglosigkeit, totaler Verzweiflung und Hoffnungslosigkeit aber auch immer wieder in meiner allernächsten Umgebung. Die junge Frau, die vergewaltigt wird, der junge Mann, der im Gefängnis von seinen Mitgefangenen grausam gefoltert und schließlich getötet wird. Die Kinder, die von ihren überforderten Eltern geschlagen werden und ohnmächtig dieser Situation ausgesetzt sind.

Die Hinwendung zum Du, zum anderen Menschen, die Offenheit, mithilfe meines Innersten das Innerste des anderen Menschen zu erspüren und mich von meinem Innersten zum Innersten der anderen Person führen zu lassen, gehört für mich fundamental zu jedem spirituellen und mystischen Weg. Würde mich der Weg nur zu meiner Mitte führen, würde dieser Weg nur helfen, mich auf mich selbst zu konzentrieren, und würde er mich unsensibel für die Not meines Nächsten machen, wäre er für mich nur halb gegangen und damit letztlich unakzeptabel.

Ich habe daher auch Probleme mit Meistern, die sehr viele Stunden am Tag – und das ein ganzes Leben lang – nur sitzen und meditieren oder aber in der Welt herumfahren, Vorträge halten, zwischendurch auf ihrer Datscha sich meditierend entspannen, unberührt von der materiellen und seelischen Not unzähliger Menschen, die sich glücklich schätzen würden, wenigstens einen Tag lang ein so privilegiertes Leben wie diese Meister führen zu können. Nein, ein entscheidendes Kriterium für einen »gelungenen« mystischen Weg zeigt sich für mich daran, ob dieser Weg in mir die Fähigkeit zu bedingungsloser Liebe fördert, ja, ob er dazu beiträgt, dass diese Liebe selbstverständlich in mir zum Segen meiner Mitmenschen entbunden wird.

Eine Spiritualität, die aus dem Sichverlieben in Gott, der Berührung durch Gott und aus der Liebe zu Gott erwächst, ist Ausfluss unseres Herzens und trägt dazu bei, uns so für unseren Nächsten zu öffnen, dass unser Herz für ihn und unsere Mitmenschen, unsere Mitgeschöpfe, die Tiere, und unsere Schöpfung schlägt. Sie zeigt sich in der Fähigkeit, lieben und mitfühlen zu können und aus diesem Mitgefühl heraus für andere da zu sein.

»Wenn die Berührung mit Gott in meinem Leben ganz fehlt, dann kann ich im anderen immer nur den anderen sehen und kann das göttliche

Bild in ihm nicht erkennen. Wenn ich die Zuwendung zum Nächsten aus meinem ganzen Leben weglasse und nur ›fromm‹ sein möchte, nur meine ›religiösen Pflichten‹ tue, dann verdorrt auch die Gottesbeziehung. Dann ist sie nur noch ›korrekt‹, aber ohne Liebe. Nur meine Bereitschaft, auf den Nächsten zuzugehen, ihm Liebe zu erweisen, macht mich auch fühlsam Gott gegenüber.«[41]

V. *Sich ganz zu geben, ist der einzige Weg, ganz zu sein*

»Ja, Liebe ist ›Ekstase‹, aber Ekstase nicht im Sinn des rauschhaften Augenblicks, sondern Ekstase als ständiger Weg aus dem in sich verschlossenen Ich zur Freigabe des Ich, zur Hingabe und so gerade zur Findung Gottes: ›Wer sein Leben zu bewahren sucht, wird es verlieren; wer es dagegen verliert, wird es gewinnen‹ (Lk 17,33), sagt Jesus – ein Wort, das in mehreren Variationen bei ihm in den Evangelien wiederkehrt ... Jesus beschreibt damit seinen eigenen Weg, der durch das Kreuz zur Auferstehung führt – den Weg des Weizenkorns, das in die Erde fällt und stirbt und so reiche Frucht trägt; aber er beschreibt darin auch das Wesen der Liebe und der menschlichen Existenz überhaupt von der Mitte seines eigenen Opfers und seiner darin sich vollendenden Liebe.«

Benedikt XVI.[42]

Bei Gott ruhen, sich bei Gott auszuruhen kann übergehen in die Haltung, die wir beim Gebet immer wieder vollziehen, wenn wir uns beim »Ehre sei dem Vater« verbeugen. Dies ist die Haltung der Hingabe, in der wir uns Gott überlassen, bis dahin, dass wir uns in Gott hineinfallen lassen, uns Gott ganz und gar überlassen. Dann überlasse ich mich auf der Grundlage meiner selbst, meines Selbst, mich selbst vergessend Gott. Dann verhalte und handle ich auf der Basis der Erkenntnis, dass Geben schöner ist als Nehmen.

In die Liebe fallen

Wieder einmal lese ich, was Thomas Merton über »In Liebe fallen« schreibt.

> »Wir sprechen im Englischen von ›in Liebe fallen‹ (fall in love), als wäre Liebe etwas, das sich in Teichen, Seen, Flüssen und Meeren sammelt. Man kann ›hineinfallen‹ oder um sie herumgehen. Man kann auf ihr segeln oder in ihr schwimmen oder man kann sie aus sicherem Abstand betrachten ... So ist die Liebe. Wenn Sie nicht aufpassen, wo Sie hintreten, laufen Sie Gefahr, ›hinein zu fallen‹ ... Der Ausdruck ›in etwas fallen‹ verlagert die Verantwortung vom eigenen Willen auf eine kosmische Kraft wie etwa die Schwerkraft. Wenn Sie ›fallen‹, werden Sie ja von einer Macht mitgerissen, die Sie nicht unter Kontrolle haben. Sobald Sie in

Bewegung sind, können Sie nicht mehr bremsen. Sie sind gestartet und Sie wissen nicht, wo Sie landen werden ... Liebe holt Sie aus sich selbst heraus. Sie verlieren die Kontrolle ... Sie können nicht anders, als sich jetzt von dieser Kraft davontragen zu lassen, die stärker ist als Ihre Vernunft.«[43]

Mich faszinieren und erwärmen diese Ausführungen von Thomas Merton über die Liebe. Er schreibt diese Zeilen zu einem Zeitpunkt, als er sich selbst unsterblich in die viel jüngere Krankenschwester M. verliebt hatte. Jetzt erfuhr er am eigenen Leib und an der eigenen Seele, was das heißt, »in Liebe zu fallen«. Auch wenn ihm mit der Zeit klar wurde, dass Sich-unsterblich-in-jemanden-Verlieben und Jemanden-wahrhaft-Lieben nicht das Gleiche sein müssen, erkannte er die nahezu kosmische Kraft, die hinter der Liebe steht. Im Sichverlieben bricht sich diese Kraft ihre Bahn, wacht sie aus ihrem Dornröschenschlaf auf, ja wird sie wach geküsst. Ihre Vollendung findet diese kosmische Kraft der Liebe in der Hingabe. In der Hingabe an einen Menschen, in der Hingabe an Gott. Hingabe setzt ein klares Ich-Verständnis voraus. Zugleich bleibt mein Selbst, meine Selbsterkenntnis und Selbstverwirklichung nur ein Stückwerk, wenn ich nicht zur Hingabe fähig bin. Für sie muss ich aber bereit sein, zu »fallen«, mich fallen zu lassen.

»Wenn Sie ein kühler und selbstbeherrschter Mensch sind, werden Sie natürlich darauf bedacht sein, niemals zu ›fallen‹ ... Aber an der Frage der Liebe kommt letztlich niemand vorbei. Ob Sie vorgeben, daran interessiert zu sein oder nicht«, meint Thomas Merton: Denn Liebe »ist *eine bestimmte, ganz besondere Art, lebendig zu sein.* Liebe bedeutet eine Intensivierung des Lebens, eine Vervollkommnung, eine Fülle, eine Ganzheit ... Wir werden nicht vollkommen menschlich, bis wir uns einander in Liebe schenken ... Es umschließt alles, was zu einem Menschen gehört – die Fähigkeit zur Selbsthingabe, zum Teilen, zur Kreativität, zur gegenseitigen Fürsorge, zur spirituellen Anteilnahme ... Wir werden niemals vollständig wirklich werden, bis wir uns in Liebe fallen lassen – entweder zu einem anderen Menschen oder zu Gott«[44].

Wenn ich das lese, spüre ich regelrecht den Stau in mir, den Stau in unserer Gesellschaft und in unseren Kirchen, der uns davon abhält, ganz und vollständig zu werden, zufrieden und glücklich zu sein; den Stau, der verhindert, dass wir uns wahrhaft in Liebe hingeben; den Stau, der verhindert, dass wir ohne Wenn und Aber unsere Liebe zu Gott zulassen, dadurch aber unser Leben verlängern, erweitern und vertiefen.

Dieser Stau steht für Eng-Herzigkeit, Nabelschau und Lieblosigkeit. Dieser Stau steht für Raffgier, Kälte und Gleichgültigkeit. Dieser Stau bewirkt, dass unser Leben nicht fließen kann, wir nicht wirklich leben, nicht die Fülle unseres Lebens leben. Leben in Fülle aber »bedeutet eine Intensivierung des Lebens, eine Vervollkommnung, eine Fülle, eine Ganzheit ... Das Leben strebt aufwärts zu einem Gipfel an Intensität, einem Höhepunkt von Wert und Sinn, an denen all seine latenten schöpferischen Fähigkeiten in Aktion treten und die Person sich in Begegnung, Antwort und Gemeinschaft mit einem anderen transzendiert. Für dies und nichts anderes sind wir auf diese Welt gekommen – für diese Gemeinschaft und Selbst-Überschreitung«[45].

Ich möchte diese Worte am liebsten in die Welt hinausschreien – so laut, dass sie gehört werden, zuallererst von mir selbst. Doch wenn ich sie in die Welt hinausschreie, werden sie kaum etwas bewirken. In mir selbst muss die Kraft entbunden werden, die mich über mich selbst hinausführt. Allein die kosmische Kraft in uns selbst vermag all das »Gerümpel«, all die Enge, all den Narzissmus und den Eigendünkel auf die Seite zu räumen. Die verursachen den Stau, der unsere Liebe bremst, und die Bewegung, die uns am Ende zur Hingabe führt, unterbricht.

Die Liebe zu Gott und zu den Menschen im Tiefsten des Herzens zu entdecken, in uns zu entzünden, am Fließen zu halten – das könnte die Aufgabe jener sein, die Menschen in ihren psychischen und spirituellen Nöten begleiten. Oft müssen dazu lediglich die Sperren beseitigt und der Schutt abgetragen werden, die dieses Fließen beeinträchtigen oder verhindern. Wenn Sigmund Freud einmal sagt, dass es das Ziel der Psychoanalyse sei, die Hochfluten der Leidenschaften wieder zum Wallen zu bringen, dann kann ich meine Aufgabe als Seelsorger und Lebensbegleiter so verstehen: die Hochfluten der Liebe zu Gott und den Menschen immer wieder zum Wallen zu bringen, Menschen Mut zu machen, sich von ihnen überfluten zu lassen und sich von ihnen so zu sich, zu anderen, zur Schöpfung und zu Gott spülen zu lassen.

Erst wenn wir den Stau der Lieblosigkeit überwinden und sich die Flut aus der Liebe heraus über den Mitmenschen und Gott ergießen kann – wir unser Selbst dabei überschreiten –, vollendet sich unsere Selbstverwirklichung. Erst dann sind wir ganz und vollständig. Erst dann kommt das in uns liegende Potenzial in seiner Ganzheit zum Ausdruck, erreichen wir die Fülle unseres Lebens, erfüllen wir den Sinn unseres Lebens. Erst dann erwachen wir, erfahren wir, was wir – solange wir in der Konzentration auf uns selbst hängen bleiben – vergeblich suchen. Erst dann sind wir frei, wenn wir der kosmischen Kraft der Liebe in uns freien Lauf lassen, ganz im Sinne des Mystikers Angelus Silesius, der schreibt:

Nichts hält Dich fest
Außer Dein Ich –
Bis Du aufbrichst
Seine Ketten,
Seine Handschellen
Und frei bist.

Geben ist seliger als Nehmen

Hingabe kennt viele verschiedene Weisen: die Hingabe an eine Aufgabe oder ein soziales Engagement beispielsweise. Ich gebe dabei etwas von mir her – meine Kraft, meine Kreativität – für andere. Einfach so. Ohne Gegenleistung. Ich setze mich für Menschen oder eine Sache ein. Ich gebe damit ganz viel von mir – bis dahin, dass ich mich zwischendurch auch verausgabe. Ich weiß, dass ich das nicht grenzenlos tun kann. Ich weiß, dass ich die Sorge um mich selbst auf Dauer nicht vernachlässigen darf. Das aber hindert mich nicht, über meinen Schatten zu springen, mich für andere zu verschwenden, loszulassen, nicht länger an Privilegien und Dingen festzuhalten, die den Fluss meiner Hingabe beeinträchtigen oder behindern könnten.

Ohne dass das die Absicht meiner Hingabe ist, werde ich doch am Ende belohnt: mit einem Gefühl von Zufriedenheit und Glück, ja geradezu von Seligkeit. Geben ist seliger als Nehmen. Die moderne Glücksforschung bestätigt, dass anderen Menschen eine Freude zu bereiten uns Glück verschafft. Sich für etwas einsetzen und sich verausgaben verschafft Zufriedenheit, schafft Sinn. Zu raffen, nur um sich selbst zu kreisen und »im eigenen Saft zu schmoren« – statt die Energie auch für andere einzusetzen – macht nicht glücklich. Eine solche Haltung lässt uns auf Dauer unzufrieden zurück.

»Sich ganz zu geben, ist der einzige Weg, ganz zu sein«, sagt Erich Fromm. Erst in der Hingabe – an eine Sache, an einen Menschen, an Gott – werde ich ganz, wird das in uns liegende Potenzial voll zur Entfaltung gebracht und aufgebraucht und erfahre ich Leben in Fülle. Ich trete dann aus mir heraus, verlasse das Kreisen um mich, die Konzentration auf mich, das Fixiertsein auf mich. Ich erweitere, verlängere die Sorge um mich und um die Sorge für das andere, den anderen, den ganz Anderen.

In der Hingabe vollendet sich meine Menschwerdung. Ohne Hingabe erlebe ich mich als Torso, beschneide ich mich am meisten selbst. Mir fallen Menschen ein, die nur um sich selbst kreisen, denen die Hingabe – an Kinder, eine Sache, die anderen zugute kommt, an eine größere Macht – absurd erscheint. Sie nehmen sich damit das Schönste, was das Leben zu geben vermag. Vor allem aber berauben sie sich selbst ihrer Möglichkeiten – und das so sehr, dass sie wie Vögel wirken, denen man die Flügel gestutzt hat, damit sie nicht davonfliegen können.

Doch ich muss nicht erst auf die anderen schauen. Erfahre ich doch an mir selbst, wie sehr ich mich einenge – ja wie eng mein Leben und meine Weise zu denken und zu handeln wird –, wenn es mir nicht gelingt, das Kreisen um mich selbst zu verlassen, um mich den anderen, der anderen Person oder dem ganz Anderen zuzuwenden.

Martin Buber berichtet davon, wie er als Elfjähriger auf dem Gut seiner Großeltern Freundschaft mit einem Apfelschimmel schloss. Er schlich sich immer wieder in den Stall, um seinem Liebling den Nacken zu kraulen. »Das war für mich nicht ein beiläufiges Vergnügen, sondern eine große, zwar freundliche, aber doch auch tief erregende Begebenheit.« In diesem Freund begegnete ihm »das Andere, die ungeheuere Anderheit des Anderen«, wie er sich erinnert, die zugleich aber nicht bewirkte, dass sein Freund ihm fremd blieb. Eines Tages, so berichtet er weiter, bricht diese Beziehung, ja wird sie zerstört. Das geschieht in dem Moment, als der Elfjährige über dem Streicheln des Nackens des Pferdes fühlt, was für einen Spaß das macht. Er fühlt plötzlich seine Hand. »Das Spiel ging weiter wie sonst, aber etwas hatte sich geändert, es war nicht mehr Das.« Als er das nächste Mal seinem Freund den Nacken streichelte, hob er nicht mehr seinen Kopf.

Bisher war der Junge nur bei seinem Freund gewesen, hat ihm den Nacken gestreichelt. Jetzt wird der andere angesichts des eigenen Erlebens herabgestuft. Die »Ich-Besessenheit« lässt den anderen in den Hintergrund geraten. Erst wenn es wieder gelingt, sich herauszuhalten, das eigene Ich zu vergessen, kann er wieder ganz – das heißt absichtslos – beim anderen sein. Erst – so deutet Dorothee Sölle diese Geschichte –, wenn wir ganz weg sind, wir von unserem Ich loskommen, sind wir ganz bei Gott. Oder: Wenn wir uns an den ganz Anderen, an Gott erinnern, vergessen wir uns selbst. Thomas Merton geht in die gleiche Richtung, wenn er schreibt:

»Doch wenn wir Barmherzigkeit gefunden haben und in das Leben der Kirche eingetreten sind, um gleichzeitig die Reichtümer der Barmherzigkeit Gottes zu genießen und zu verkünden, die die Kirche zur Fülle Christi machen (Eph 1,9–12), müssen wir durch unsere Barmherzigkeit gegenüber anderen auch zeigen, dass wir erkennen, was christliches Leben wirklich bedeutet. Dass wir im Klimaschutz schöpferischer Liebe, im Klima der Kirche leben, zeigen wir in dem Maße, in dem wir die Wahrheit erfahren, dass Geben seliger ist als Nehmen (Apg 20,39).«[46]

Sich ganz hingeben

Den ganzen Tag über war ich so beschäftigt, dass ich gar nicht mehr daran dachte, dass ich mit Gott »in love« bin. So ist das im Alltag. Auch im Alltag einer Beziehung. Doch auch wenn ich nicht daran denke, bin ich es trotzdem: in love, in Liebe, in love with God. Heute in der Frühe wollte ich es aller Welt – der ganzen Schöpfung – verkünden. Da war diese Liebe laut und jubilierend. Jetzt ist sie einfach da. Sie ist still in mir. Damit aber ist meine Liebe zu Gott nicht weniger wirklich. Sie nährt mich trotzdem. Sie sättigt mich. Sie ist einfach da.

Am Abend gehe ich noch über die Wiesen zur Ostsee. Die Sonne ist dabei unterzugehen. Ich tauche ein in die Landschaft. Ich werde ruhig und singe leise vor mich hin, während ich auf die Ostsee, die Wolken, die untergehende Sonne schaue und ein Seevogel graziös über mir seine Schleifen dreht. Dann stimme ich leise das Taizé-Lied an »In manus tuas pater« – »In deine Hände, Herr« ... Meine Liebe zu Gott regt sich nicht länger. Sie ist ganz ruhig. Später, als ich nach Altmoisa, zu unserem Gästehaus, zurückkomme, gehe ich in den Keller, der als Kapelle hergerichtet ist und in dem das Allerheiligste zur ewigen Anbetung ausgesetzt ist. Marge, eine Kursteilnehmerin, kniet vor dem Allerheiligsten. Zwischendurch betet sie. Dann stimmt sie einen zärtlich klingenden Gesang an, in dem immer wieder das mir inzwischen vertraute estische Wort »Südama« – das »Herz« oder »in den Herzen« heißt – vorkommt. Zwischendurch liegt sie auf dem Boden, fast wie bei einer Prostration, dem Sichhinstrecken auf dem Boden, zum Beispiel am Beginn der Karfreitagsliturgie.

Ich spüre eine große Hochachtung für sie. In ihrer Zärtlichkeit und in ihrer Gebetshaltung kommt ihre Hingabe zu Gott zum Ausdruck. Sie weckt meine zärtlichen Gefühle, die ich für Gott hege. In ihrem Verhalten und in ihrer zärtlichen Innigkeit drückt sie stellvertretend für mich eine Innigkeit und Zärtlichkeit aus, die ich vielleicht in mir erahne, aber so nicht ausdrücken kann. *Auf eine grenzenlose Weise Gott zu lieben.* Da frage ich nicht, ob ich laut bete oder einen zärtlichen Gesang anstimme, ob ich mich niederknie oder mich vor dem Allerheiligsten hinlege. Da frage und denke ich überhaupt nicht mehr. Aber eigentlich bin ich einfach da, tue ich, was immer mir angemessen erscheint, meiner Liebe Ausdruck zu verleihen. Jetzt liebe ich einfach aus ganzem Herzen, mit meiner ganzen Seele, mit meinen Sinnen, grenzenlos, dich, meinen Gott.

Wieder war ich in unserer provisorischen Kapelle. Ich knie nieder vor dem Allerheiligsten. Ich verbeuge mich tief. »Lass mich ein wenig bei dir ruhn.« Es ist gut hier zu verweilen. In Andacht, Innigkeit, Ehrfurcht. Später genieße ich das kühle, frische Wasser der Ostsee. »In deiner Nähe, starker Gott, ist Kühlung.« Wie konkret. Ich genieße die Nähe Gottes, nackt, umgeben von Wasser, der aufgehenden Sonne und Stille.

»Lass uns ein wenig bei dir ruhn.« In Gottes Nähe. In *deiner* Nähe. *Du*. Nur noch *du*. Ich und *du*. »Lass mich ein wenig bei dir ruhn.« Dir nahe sein. In unmittelbarer Beziehung zu *dir* sein. Dich als du, als mein du – mein Gegenüber – erfahren. Bei *dir*, in *dir* ruhen, *sein*. Du, mein Gott, ich liebe *dich*.

Du bist nicht irgendetwas. Du bist du. Wirklich du! Du wohnst in meinem Innersten, in meinem Herzen. Meine Liebe zu dir ist Ausdruck meines grenzenlosen Vertrauens zu dir. Meine Liebe kann so überbordend hin zu dir strömen, weil nichts sie zurückzuhalten vermag. In dieser grenzenlosen Liebe begegne ich dir selbst, zeigst du dich mir. Ich selbst bin dazu nicht fähig. Durch meine Liebe zu dir verwandelst du mich, führst du mich aus mir selbst heraus, ja über mich hinaus, transzendierst du mich. Du führst mich hinaus ins Weite. Du führst mich hin zu dir, damit ich ganz bei dir, du in mir, ich in dir bin. Ich bete mit Charles de Foucauld:

> In deine Hände lege ich meine Seele;
> Ich gebe sie dir, mein Gott
> Mit der ganzen Liebe meines Herzens,
> Weil ich dich liebe
> Und weil diese Liebe mich treibt,
> Mich dir hinzugeben,
> Mich in deine Hände zu legen, ohne Maß,
> Mit einem grenzenlosen Vertrauen,
> Denn du bist mein Vater.

VI. Dann öffne uns ein heil'ger Tod das Tor zur sel'gen Ewigkeit

Du aller Dinge Kraft und Grund,
Der unbewegt stets in sich ruht,
Du ordnest weise Zeit und Tag,
Lässt Licht erscheinen und vergehn.

Bis unser Tag zur Neige geht,
Erhalte gnädig uns dein Licht;
Dann öffne uns ein heil'ger Tod
Das Tor zur sel'gen Ewigkeit.

Dies schenk uns, Vater voller Macht,
Durch Jesus Christus, unsern Herrn,
Der mit dem Geiste und mit dir
Regiert in alle Ewigkeit.
Amen.

In einem Hymnus, der auch beim Mittagsgebet der Mönche gesungen wird, heißt es: »Dann öffne uns ein heil'ger Tod das Tor zur sel'gen Ewigkeit.« Wenn du beim Verweilen bei Gott die Zeit unterbrichst, dann kann das auch der Augenblick sein, an dem dir erneut bewusst wird, dass deine Zeit begrenzt ist, du sterblich bist. Das Bewusstsein deiner Begrenztheit, dir bewusst zu machen, dass du einmal sterben wirst, kann dazu beitragen, die »zarten Farben des Lebens in all ihrer Reinheit zum Leuchten zu bringen«.

George Santayana

... bis ich eines Tages ganz bei dir ruhen darf

»Lass uns ein wenig bei dir ruhn.« Ruhe dich aus in Gottes Nähe. Kuschele dich ein wenig an ihn, bevor der Tag so richtig beginnt und du nach und nach vom Alltag aufgesogen wirst. Ruhe dich ein wenig aus bei ihm; halte inne, atme auf in seiner Nähe, schöpfe Kraft, sei einfach bei ihm ... bis du eines Tages ganz bei ihm ruhen darfst.

Im Sterben vollzieht sich unsere letzte Hingabe. Wir strecken uns aus nach Gott. Es ist ein letztes Sichausstrecken, bis wir uns im Tod einfach *ihm* überlassen – für immer. Diese Vorstellung ist angenehm: Ich kann mir nichts Schöneres vorstellen, als eines Tages ganz bei Gott zu ruhen. Ganz bei dem zu sein, für den ich grenzenlose Liebe empfinde. So kann auch unser Sterben durchflutet werden von den Wellen der grenzenlosen Liebe zu Gott.

Ja, die Wellen unserer überbordenden Liebe zu Gott tragen, spülen uns hin zu *ihm.*

Wenn wir in dieser Haltung dem Tod entgegensehen – ja wenn wir uns einfach im Sterben oder im Blick auf unseren Tod von unserer Liebe zu Gott bestimmen lassen –, dann ist unser Tod ein Ziel, dann wird er zur Erfüllung. Die Liebe zu Gott, die unser Leben trägt, die die eigentliche Triebfeder unseres Lebens ist, erlöscht dann nicht. Sie ist in unserem Tod am Ziel angelangt. Sie ist dann dort, wo sie ihren Anfang genommen hat: bei Gott, der absolut ist, grenzenlos, unbegreiflich in Liebe.

> »Lass uns ein wenig bei dir ruhn.« Eines Tages wirst du ganz bei Gott ruhen. Diese Vorstellung ist tröstlich. Wie auch die Vorstellung, dass eines Tages hier auf Erden alles zu Ende ist, nicht nur eine Wirklichkeit darstellt, sondern auch tröstlich sein kann. Wenn du bei Gott jetzt schon immer wieder ein wenig ruhen darfst, dann erhältst du eine Vorahnung davon, wie es einst für immer sein wird.

Karlheinz A. Geißler schreibt: »Wir leben uns zu Tode. Daran führt kein Weg vorbei. Weil wir das wissen, wollen wir es anscheinend nicht wissen. Neuzeitliches Fortschrittsdenken und Endlichkeitsdemut lassen sich ... nicht mehr versöhnen. Vom Bewusstsein der Endlichkeit, von Demut gegenüber der eigenen Vergänglichkeit findet man im gehetzten Alltag keine Spur, nirgends. Endlos senden die Rundfunk- und die Fernsehanstalten ihre Programme in die Wohnzimmer ... Im Internet findet solche Endlosigkeit ihre perfektionierte Erfüllung: Es schläft nicht, macht keinen Mittag, geht nicht in Urlaub, wird nicht krank. Es hat kein Ende ... Doch auch illusionäre Endlosigkeit befreit nicht von Zeitdruck, sie verstärkt ihn. Denn es gibt kein Indiz, das die Todesrate – auch die der vielen Zeitmanager und Glücksverkäufer – in der nächsten Zeit unter 100 % fallen lässt ... ›Alles hat kein Ende, nur der Mensch hat eins.‹«[47]

Ob wir es uns zugestehen wollen oder nicht: Eines Tages wird jeder von uns von der Bühne des Lebens abtreten. Wir tun gut daran, dies nicht außer Acht zu lassen, auch von dieser Wirklichkeit und Perspektive her unser Leben zu betrachten und zu gestalten. Das ist wie zwischendurch auf die Uhr schauen, um sich zu vergewissern, dass jenes uns von außen vorgegaukelte Ewigkeitsversprechen eine Illusion ist. Wir tun gut daran, die Zeit – unsere Zeit – nicht zu vergessen. Ansonsten laufen wir Gefahr, uns erst dann daran zu erinnern, wenn es zu spät und unsere Zeit zu Ende ist.

So kann die Zeit des Ruhens bei Gott zu einer Zeit des Innehaltens werden, bei der du dir bewusst machst, nur »Gast auf Erden« zu sein. Das kann ohne Dramatik oder Angst geschehen: Das ist einfach so. Und das ist gut so. Das macht den Augenblick kostbar und relativiert zugleich vieles. Jetzt bist du da, später werden es andere sein. Aber jetzt bist du da! Und: »Noch bin ich da«, wie die Überschrift des folgenden Gedichts von Rose Ausländer lautet:

Wirf deine Angst
in die Luft

Bald
ist deine Zeit um
bald
wächst der Himmel
unter dem Gras
fallen deine Träume
ins Nirgends

Noch
duftet die Nelke
singt die Drossel
noch darfst du lieben
Worte verschenken
noch bist du da

Sei was du bist
Gib was du hast

Wir atmen fiebrig und gehetzt

Befreit von Angst – auch von der Angst vor dem Sterben – kann ich im Moment, im Augenblick leben. Ohne Angst, etwas zu versäumen. Wie lächerlich wirken doch jene, die anscheinend zu permanenter Raserei verurteilt sind. Sie erinnern mich an Søren Kierkegaards Erkenntnis:

> »Das Lächerlichste von dieser Welt sind mir die Leute, die es eilig haben, die schnell nur noch essen und arbeiten können. Sehe ich, wie einem solchen Geschäftigen sich im entscheidenden Augenblick eine Fliege auf die Nase setzt, oder wie ihn ein Wagen, der noch mehr pressiert als er, mit Kot bespritzt, oder wie die Schranke am Eisenbahnübergang ihm vor der Nase zugeht, oder wie ihm ein Dachziegel auf den Kopf fällt und ihn tot schlägt, so lache ich von Herzen. Wer möchte da nicht lachen! Was richten sie aus, diese ewig Hastenden? Geht es ihnen nicht wie jener Frau, die aus ihrem brennenden Haus in der Verwirrung die Feuerzange rettete? Retten sie etwas mehr aus dem großen Brand des Lebens?«[48]

»Wir atmen fiebrig und gehetzt ...« Solange du fiebrig und gehetzt atmest, hörst du nicht mehr wirklich zu, lebst du nicht im Augenblick, bist du nicht in Kontakt mit dir selbst, ruhst du nicht bei Gott. Wenn du bei Gott ruhst, unterbrichst du die Raserei, bist du barmherzig zu dir, hörst du auf deine Seele. Die aber schaut auf das Jetzt und die Ewigkeit. Sie vergisst zu keinem Augenblick die Ewigkeit, in die du eines Tages eingehen wirst. So wirst du, wenn du für eine Weile bei Gott ruhst, in seiner Nähe aufatmest, auf deine Wirklichkeit, die Zeit, die Endlichkeit gestoßen. Dabei kann dieses kurze Verweilen zur wichtigsten Zeit des Tages, ja sogar deines Lebens werden. Wenn in diesen Augenblicken die Zeit tatsächlich stillsteht, der

Moment zur Ewigkeit wird, kostest du jetzt schon, was dir einst für immer beschieden sein wird.

> Augenblicklich befinde ich mich in Estland, südlich von Tallin, nicht weit entfernt von Finnland. Vielleicht ist es die Stille, die Einsamkeit, die Landschaft, die mich daran erinnern lässt, die die Sehnsucht nach Echtheit und Ursprünglichkeit in mir weckt. In einer Umgebung, die nicht von Fernsehen und Internet dominiert wird, die nicht zu endloser Raserei verdammt ist, bin ich wohl selbst mehr mit meiner Ursprünglichkeit und meinem Menschsein in Berührung als sonst. Ich habe mich dem Griff und den Klauen einer schnelllebigen Kultur entzogen, so dass ich nicht länger ihrem Einfluss ausgesetzt bin. So hat das, was von mir her leben, sich zeigen und zum Ausdruck kommen will, jetzt eher eine Chance.

»Erst Gott, dann Freud, dann Marx hast du dich verweigert, und immer schon dem Tod. Wohin rennst du so fleißig davon, Kaninchen?«, sagt der Dichter Elias Canetti von sich.[49] Wovor rennen wir so fleißig weg? Das können wir auch uns fragen, wenn wir uns nicht die Zeit nehmen, innezuhalten, bei Gott auszuruhen und ohne Angst uns immer wieder der Tatsache bewusst zu werden, dass wir Staub sind und zu Staub zurückkehren. Wir laufen meist vor dem Leben davon, werden selbst zum Computer, zum Internet oder zum Roboter – und bleiben eben doch Menschen, die nicht nach der Logik von 0 und 1 funktionieren. Doch solange wir versuchen, uns dem Computer anzugleichen, und unseren Rhythmus nach ihm ausrichten, verlässt uns das Leben. Unsere Gefühle, unsere Menschlichkeit, unsere Endlichkeit werden auf eine Linie gebracht, gleichsam »ge-on-lined«. Sie werden zurechtgestutzt, zugeschnitten, ja einbalsamiert. Entsprechend siechen wir dahin. Wir amüsieren uns nicht länger zu Tode, sondern wir zelebrieren die Stumpfsinnigkeit.

Die zarten Farben des Lebens in all ihrer Reinheit zum Leuchten bringen

»Die Existenz kann nicht vertagt werden«, meint Irvin Yalom, ein Vertreter der Existentiellen Psychotherapie.[50] Das Bewusstsein unserer Sterblichkeit könnte uns dazu motivieren, »das Fest des Lebens wie ein wohlgesättigter Gast zu verlassen« (Nikos Katzanzakis). So ist es gerade der Mensch, der nicht »leben« will, der am meisten vor dem Sterben erschreckt: der nicht in der Gegenwart lebt, der die Möglichkeiten, die das Leben uns bietet, außer Acht lässt oder in die Zukunft verlagert. Das Gleiche gilt für die Erfahrung unserer Endlichkeit ...

Ich habe kein Interesse daran, »die Unsterblichkeit von den Göttern zurückzufordern«, wie es Elias Canetti getan hat.[51] Ich danke für meine Sterblichkeit und Endlichkeit. Sie sind mir Garant für Leben: bewusstes Leben, gefülltes Leben.

Als ich vor einigen Tagen in Haapsalu, einer kleinen Kreisstadt in Estland, den alten Friedhof besuche, ist das für mich ein besonderes Erlebnis. Dort zu verweilen hat etwas von der Qualität, ein wenig bei Gott zu ruhen. Ich finde im ganzen Ort keinen Platz, an dem ich mich wohler fühle als hier. Nicht in der kleinen Galerie, die ich besuche, nicht in dem alten Bahnhof aus der Zeit um 1905, gebaut für den Zaren, und schon gar nicht in den Kaufhäusern. Vielleicht hätte ich mich in der Domkirche wohl gefühlt oder in der Bischofsburg aus dem 13. Jahrhundert. ... Als ich durch den alten Friedhof gehe, durchweht mich ein ehrfürchtiges Gefühl. In dieser inneren Haltung lese ich die deutschen Inschriften: »Hier ruht in Gott ...« Oder aus Psalm 31,6: »In deine Hände, Herr, empfehle ich seinen Geist ...« Einige der eisernen Kreuze, wohl aus der Zeit um 1870, liegen am Boden. Von manchen Gräbern ist nur noch die Grabumrandung übrig geblieben. An einem frischen Grab brennen Kerzen. Bäume und Büsche lassen den Ort schattig und halbdunkel erscheinen.

»Lass uns ein wenig bei dir ruhn.« ... »In deiner Nähe, starker Gott, ist Kühlung, Frieden und Geduld.« Hier finde ich Kühlung, Frieden und Geduld: hier bei den Toten, hier an ihrem »Aufenthaltsort«. Mehr als außerhalb dieses Ortes. Ich weiß nicht, ob ich von mir sagen kann, dass ich von den Mysterien des Todes angeweht worden bin. Was ich hier erfahre, ist eher ein »Angewehtsein« von der Ewigkeit. Davon geht Kraft, Heilung, Kühlung, Frieden und vor allem Gelassenheit aus. Hier fühlt sich mein Innerstes, meine Seele, wohl. Hier kann ich meine Sehnsucht stillen und das Ewige erfahren. Hier kann ich auftanken. Hier ist es gut sein. Hier sein heißt, bei Gott zu ruhen und die Erfahrung zu machen, an das Ewige, das Grenzenlose angeschlossen zu sein. Hier ist die Ewigkeitsverheißung nicht »heiße Luft«, ein »unrealistisches Ewigkeitsversprechen«, wie es die Welt der Computer, des Fernsehens oder des Internets vorgaukelt. Hier erfahre ich jetzt schon Ewigkeit. Hier gewinne ich Zeit, indem ich sie verliere. »Beim Innehalten gewinnt man Zeit, indem man sich verliert, und erlangt darüber hinaus eine produktive Distanz zu sich, zu den Dingen und dem betriebsamen Geschehen der Mitwelt.«[52]

Ein geerdeter und gesunder Glaube will, dass wir das Leben haben und es in Fülle haben. Er will uns mit dem Hinweis auf das ewige Leben zwar auch trösten, aber nicht auf eine billige Weise. So will er uns zunächst einmal mit der Erinnerung an unsere Sterblichkeit dazu motivieren und aufrufen zu leben: unser Leben, unsere Lebensmöglichkeiten zu entdecken und dann auch zu nutzen.

»Indem man den Tod im Sinn hat, wechselt man zu einem Zustand der Dankbarkeit, der Wertschätzung für die zahllosen Gegebenheiten der Existenz. Das ist das, was die Stoiker meinten, als sie sagten: ›Betrachte den Tod, um zu lernen, wie man lebt.‹ Dieser Imperativ ist also kein Ruf nach einer morbiden Fixierung auf den Tod, sondern stattdessen ein Drängen danach, sowohl Figur als auch Hintergrund im Blick zu haben, so dass das Sein bewusst wird und das Leben reicher. Wie Santayana es formulierte: ›Der dunkle Hintergrund, für den der Tod sorgt, bringt die zarten Farben des Lebens in all ihrer Reinheit zum Leuchten.‹«[53]

Die Existenz kann nicht vertagt werden

Jetzt ist meine Mutter schon fast zwei Tage tot. Ich sitze da, höre Mozarts Requiem, denke an sie, weine zwischendurch. Ich spüre eine tiefe Traurigkeit. Ich würde sie gerne anrufen, habe auch schon einige Male »aus Versehen« ihre Telefonnummer gewählt, um ihre Stimme zu hören. Vor einigen Tagen hatte ich sie noch am Telefon gehört. Jetzt werde ich sie nie mehr hören. Sie war gut vorbereitet, auch wenn der Tod sie dann doch sehr plötzlich überraschte.

> Ich vermisse dich. Ich vermisse dich sehr. Auch wenn ich weiß, dass es einmal zu Ende geht, und ich auch wusste, dass es mit dir zu Ende geht, du einmal nicht mehr da sein wirst. Das tut mir weh, zwischendurch sehr weh. Viele Bilder von dir, Begegnungen mit dir, Erfahrungen mit dir tauchen in mir auf. Ich spüre dabei meine Liebe zu dir und denke voller Dankbarkeit an deine Liebe zu mir. Als ich dich wenige Stunden nach deinem Tod noch einmal sah,

> brach es mir fast das Herz. Aber es war gut, dich nochmals zu sehen, zu streicheln, auf die Stirn zu küssen, dir ein Kreuzzeichen auf die Stirn zu machen, wie du es bis zum Schluss immer bei mir gemacht hast, wenn ich mich von dir verabschiedete ... und dann einfach zu weinen und zu schluchzen. Danach fühlte ich mich leichter.

Ich sitze immer noch da und denke an meine Mutter, spüre meine Traurigkeit. Ich bin dabei ganz bei mir und in mir. Ich will über meinen Schmerz nicht hinweggehen. Er ist so real, wie meine Liebe zu ihr und ihre Liebe zu mir real war. Ich will mich der Tatsache stellen, dass ich sie nicht mehr sehe und nicht mehr hören werde, sie ihr Leben ausgehaucht hat, wie auch mich eines Tages das Leben verlassen wird.

Eigentlich lebt man wegen des Wesentlichen. Wesentlich ist für mich im Augenblick meine Traurigkeit: die Erfahrung des Verlustes meiner Mutter. Wesentlich ist weiter mein Glaube, dass sie in Gott aufgehoben ist. Wesentlich ist für mich in diesen Stunden und Tagen die Erfahrung, von meiner Familie und meinen Freunden getragen zu sein: Wesentlich ist gerade auch in dieser Zeit, erfahren zu dürfen, an dem Grenzenlosen – an Gott – angeschlossen und mit ihm verbunden zu sein. Damit aber auch auf eine andere Weise als bisher mit meiner Mutter – mit dir, liebe Mutti – verbunden zu sein. Du bist jetzt im Bereich des Grenzenlosen angekommen, mit dem ich jetzt schon verbunden bin, in das ich aber einmal selbst ganz eintreten werde, um ganz bei Gott und ganz bei dir zu sein.

In einer Filmbesprechung über »Du hast gesagt, dass du mich liebst« in der Süddeutschen Zeitung heißt es, dass von Rudolf Thumes Filmen ein unerklärlicher Zauber ausgehe. »Das Sichtbare und das Unsichtbare« – so soll sein neuer Film heißen. »Das Sichtbare«, so schreibt der Regisseur selbst dazu, »das ist das quirlige, hektische Leben. Das Unsichtbare ist der Tod, der hinter allem Leben steht.«[54] Und diesen Tod gilt es nicht zu verstecken. Es gilt vielmehr, ihm ins Angesicht zu schauen und mit ihm wie mit einem Freund zu leben, mit dem ich ein inniges und vertrautes Verhältnis habe.

So tragen die Auseinandersetzung mit dem eigenen Tod und die Erfahrung des Todes von Menschen, die einem nahe stehen, zu einer erhöhten Sensibilisierung für das Leben bei. Das kann weiter dazu führen, noch bewusster vom Herzen her zu leben, ja den Kern, das Wesentliche zu leben. Das aber heißt, Leben als Leben zu würdigen – unabhängig von irgendwelchen äußeren Ausprägungen von Leben, wie bestimmten Ereignissen, Aufgaben und Verhältnissen. *Ich bin. Ich existiere. Ich lebe.* Und nicht: Ich bin Papst. Ich bin verheiratet. Ich bin Katholik. Ich bin froh oder traurig usw. *Sein* oder *Nichtsein* – das ist die Frage. Ja, *das* ist die Frage.

Meine Mutter ist nun seit über einer Woche nicht mehr. Sie existiert nicht mehr, so wie sie noch vor zehn Tagen existierte, als ich noch mit ihr sprechen konnte. Ich bin noch. Ich existiere noch. Noch ... Onkel Hermann, der seit Tagen im Koma liegt, existiert auch noch. Auch wenn das viele Fragen aufwirft – etwa, wie sinnvoll es ist, ihm das Leben zu erhalten. Die Bemühungen um sein Leben zeigen, wie endgültig es ist, wenn wir nicht mehr sind, nicht mehr existieren. Da kann man nichts mehr rückgängig machen.

»Die Existenz kann nicht vertagt werden.« Vielleicht kann man auch sagen: »Die Existenz soll nicht vertagt werden.« Sie soll genutzt werden. Sie soll ganz gelebt werden. Sie soll so gelebt werden, dass sie in der begrenzten Zeit, die ihr beschieden ist, zu Segen wird. Wir sollen in dem, was unser Wesen ausmacht, leben und in dieser Zeit leben. Zumindest immer mehr. Also dürfen wir nicht zu Nebenschauplätzen und Nebenrollen abdriften ... und das im schlimmsten Fall Tag für Tag, Stunde um Stunde.

Es geht darum zu *leben*. Es geht nicht darum, etwas Äußeres aufrechtzuerhalten. Es geht darum, existenziell – aus dem Sein heraus – zu leben, das Sein zu würdigen, das Sein zu sein, das mehr als nur äußere Existenz ist.

Und dieses wahre Sein spürst du, wenn du all das abträgst und ablegst, was dich davon abhält, das Sein zu spüren: das Sein, dein Sein, zu sein. Man möchte meinen, dass das doch ein freudvolles Unternehmen ist: ganz in seinem Sein zu sein.

Warum also rennen wir immer wieder davor weg, suchen wir außerhalb unseres Seins Erfüllung, Lebendigkeit, Leben? Ist das eigene Sein so langweilig, so schwer auszuhalten, so unlebendig?

Ich glaube, wir sind so weit von der Erfahrung unseres Seins weg, dass wir kaum erfahren, wie beglückend es sein kann, einfach nur zu sein. Was schwer – manchmal fast nicht auszuhalten – ist, ist das Ablegen von den Schichten, die uns daran hindern, ganz im Sein zu sein. Es ist der Verzicht auf Gewohnheiten, die uns lieb geworden sind, von denen wir glauben, sie seien ein Teil unserer selbst, unseres Selbst. Für diesen Verzicht müssen wir aushalten, ohne das Gewohnte zu leben, und das fällt uns oft schwer: oft so schwer, dass wir geneigt sind, in die alten Gewohnheiten zurückzufallen, obwohl wir wissen, dass sie uns nicht nähren werden, sondern uns weiter von unserem Kern wegführen. Geben wir nach, werden wir wieder herausfallen aus unserer Tiefe, übergleiten in die Oberfläche und das Oberflächliche.

Lebst du in deinem Kern und aus deinem Kern heraus, lebst du mit allem und akzeptierst du alles, was zu deiner Existenz gehört und deine Existenz ausmacht: den Tod, dein Alleinsein, das Absurde und Banale, das auch zum Leben gehört?

Wenn du dafür offen bist, wird sich deine Existenz und dein Sein melden. Du musst dich aber nicht darauf fixieren. Du musst bereit sein, ihm zu lauschen und einfach in ihm zu sein. Das aber heißt auch, du musst bereit sein, zum Beispiel allein zu sein: bei dir und in dir zu sein. Du musst dich aushalten. Du darfst nicht vor dir selbst – deinem Selbst, deinem Kern – davonlaufen, indem du dich in Ablenkungen flüchtest und deiner Wahrheit und Wirklichkeit aus dem Weg gehst.

Ich möchte nicht falsch verstanden werden! Es geht nicht darum, sich dem Leben zu verweigern, sein Leben nicht zu gestalten oder auch nicht zu genießen. Es geht darum, sich nichts vorzumachen, das jedem von uns eigene Alleinsein und unsere Endlichkeit nicht zu überspielen. Vielmehr sollen wir im Bewusstsein unseres existenziellen Alleinseins und unserer Endlichkeit unser Leben gestalten und leben. Dann hat es die Chance, wesentlich zu sein und von unserem Wesen her gelebt zu werden. Dann leben wir es, leben tatsächlich *wir*, anstatt uns von unseren Aktivitäten und Ablenkungen leben zu lassen.

> Der Tod meiner Mutter wirft mich auf mein Sein, auf meinen Kern, zurück. Ich spüre mich. Ich spüre meine Traurigkeit. Sie ist einfach da. Dafür sorgt schon meine Seele, mein Inneres, mein Tieferes – wenn ich es zulasse, wenn ich nicht versuche, es zu übertünchen. Und ich lasse alles zu: die Traurigkeit, die Schwere, die Tränen. Die Tränen steigen einfach hoch aus der Tiefe, treten mir in die Augen. Ja, gerade jetzt erfahre ich sie als »Grundwasser« meiner Seele, meiner Tiefe, meines Kerns. Ich muss für dieses Bei-mir-selbst-Sein gar keinen bewussten Akt setzen, keine bewusste Entscheidung treffen. Das übernimmt meine Seele. Wichtig

ist, dass ich ihr die Führung überlasse, ihr vertraue und – nicht zuletzt – darin Gottes Führung sehe.

Von allen Seiten umgibst du mich

»Von allen Seiten umgibst du mich, und hältst deine Hand über mir.« (Ps 139,5) Du bist einfach da. Ich kann bei dir ruhen. Ich kann in deiner Nähe verweilen. Es ist für mich keine Frage, ob du da bist. Du bist es. Wie du auch jetzt da bist. Hier. Bei mir. Wenn ich Psalm 139 spreche, spreche ich ihn zu dir, ganz konkret zu dir, von mir zu dir. »Von allen Seiten umgibst du mich, und hältst deine Hand über mir.« Es ist ein so einzigartiges, wunderbares Geschenk, *dich* erfahren zu dürfen, mit *dir* in Berührung zu sein und *deine* Anwesenheit zu spüren. »Lass mich ein wenig bei dir ruhn.« Lass mich nur für eine Weile die Erfahrung machen, ganz bei dir und mit dir zu sein, in die Beziehung zu dir eingebunden zu sein. Denn: »In deiner Nähe, starker Gott, ist Ruhe, Frieden und Geduld.« Ach, könnte ich doch für immer deine Nähe erfahren, diese Verbundenheit mit dir spüren. Doch ich weiß, noch wird das nicht immer so sein. So lass mich noch eine kleine Weile bei dir ruhen und immer wieder die Erfahrung deiner Nähe machen, dass ich eines Tages für immer bei dir ruhen und für immer deine Nähe erfahren und auskosten kann.

»Von allen Seiten umgibst du mich, und hältst deine Hand über mir.« Das gilt im Flugzeug auf dem Weg von Tallin nach Frankfurt genauso wie im Frankfurter Flughafen. Ich spüre, wie Gott mich von allen Seiten umgibt, seine Hand über mich hält. So bin ich da, jetzt im Zug, sehe die Menschen um mich, trete in Kontakt mit ihnen, freue mich auf zu Hause. Zugleich ist Gott da, wirklich da, er umgibt mich mit der Aura seiner Gegenwart.

Ich mache eine ähnliche Erfahrung wie in Afrika. In der Stille, in der Natur finde ich Gott. Wenn ich von all den Einflüssen frei bin, die mich im Alltag heimsuchen, wenn mein innerer Raum nur mir und Gott gehört, dann erfahre ich seine Nähe, dann spüre ich seine Nähe, bin ich sensibel und empfänglich für ihn. Denn da ist Gott immer.

> Da bist du immer. Wie kann ich daher in deiner Anwesenheit so sachlich, objektiv von dir, über dich schreiben?
> Wieder einmal wird mir bewusst, wie sehr unsere Gottesdienste zur Begegnung mit dir führen könnten, wenn sie davon ausgingen, dass du längst schon da bist. Dann ginge es allein darum, für deine Anwesenheit sensibel zu werden, einzutauchen in die Beziehung zu dir, ein wenig bei dir zu ruhen.
> »Von allen Seiten umgibst du mich, und hältst deine Hand über mir. Diese Erkenntnis ist mir zu wunderbar und zu hoch, ich kann sie nicht begreifen.« (Ps 139,5–6)

Dies ist nicht einfach irgendeine Erkenntnis. Es ist die Erfahrung, dass Gott mich von allen Seiten umgibt und seine Hand über mich hält, die ich für so wunderbar erachte und die ich nicht begreifen kann, die ich einfach dankbar annehme, die mich erfüllt.

Ja, von allen Seiten umgibst du mich. Du hältst deine Hand über mir. Ich wache auf und schlafe ein mit dieser Erfahrung. Immer wieder während des Tages werde ich mir dessen bewusst, spreche ich vor mich hin: »Du umgibst mich von allen Seiten. Du hältst deine Hand über mir.« Was ich erfahre, ist die Ruhe, die Kühlung, der Trost, die davon ausgehen.

Epilog

Ich kehre vom Mittagsgebet in der Abteikirche zurück. Noch spüre ich die Nähe Gottes. Ich wäre gerne länger bei ihm geblieben, hätte mich gerne länger bei ihm ausgeruht. Doch der nächste Termin steht an.

Ich gehe den kurzen Weg von der Kirche zu meiner Arbeitsstätte bewusst langsam. Ich fühle mich gestärkt, bin bei mir und bei *Gott*. Ich nehme meine Umgebung bewusst wahr. *Bin* einfach nur. Ich überlasse mich dem Fluss des Lebens, der ständig weiterfließt. Es fällt mir nicht schwer.

Ich fühle mich innerlich frei, will nichts festhalten, will auch mich nirgendwo anhalten. Ich überlasse mich dem Fluss des Lebens, lasse mich von seinen Fluten davontragen.

> Im Vertrauen und in der Erfahrung, dass *du* selbst es bist, der mich antreibt, *du* es bist, der mich trägt – dahin, wo *du* mich haben willst ...

Anmerkungen

1 Edith Stein: Gedichte und Gebete aus dem Nachlass, hg. v. W. Herbstrith, Aschaffenburg 1987.

2 Edith Stein: Theresa von Avila. Eine Meisterin der Erziehung, Freiburg i. Br. 1990, S. 54.

3 Karlheinz A. Geißler: Verdichtete Zeiten, in: Frankfurter Allgemeine Zeitung (F.A.Z), Nr. 173, 28.07.2005, S. 6.

4 Ebd.

5 Bruce Rosenstein in *USA-Today*.

6 Karlheinz A. Geißler: Verdichtete Zeiten, in: F.A.Z, Nr. 173, 28.07.2005, S. 6.

7 Ulrich Greiner: McEwan, der Zauberkünstler, in: Die Zeit, Nr. 31, 28.07.2005, S. 43.

8 Benedikt XVI.: Deus caritas est, Nr. 17.

9 Zit. n.: Mary Tardiff: A Home in the World. The Letters of Thomas Merton/Rosemary Ruether, New York 1995, S. 17.

10 Benedikt XVI.: Deus caritas est, Nr. 17.

11 Zit. n.: Christian Feldmann: Was uns unbedingt angeht, in: Publik-Forum Nr. 11, 04.06.2004, S. 57 ff.

12 Vgl. Ronald Rolheiser: The Shattered Lantern. Rediscovering a felt Presence of God, New York 2004, S. 19 ff.

13 Vgl. Friedrich Nietzsche: Die fröhliche Wissenschaft, Stuttgart 1965, S. 140 ff.

14 Vgl. Ronald Rolheiser: The Shattered Lantern. Rediscovering a felt Presence of God, New York 2004, S. 40 ff.

[15] Ebd., S. 19 ff.

[16] Benedikt XVI.: Deus caritas est, Nr. 10.

[17] Zit. n.: Rollo May: Die Kunst der Beratung, Mainz 1991, S. 74.

[18] Ebd.

[19] Benedikt XVI.: Deus caritas est, Nr. 17.

[20] Aniela Jaffe (Hg.): Erinnerungen, Träume, Gedanken von C. G. Jung, Zürich 1997, S. 146.

[21] Benedikt XVI.: Deus caritas est, Nr. 5.

[22] Ebd., Nr. 3.

[23] Zit. n.: Michaela Diers (Hg.): Mystik – Ein Lesebuch für Nachdenkliche, München 2002, S. 110.

[24] Benedikt XVI.: Deus caritas est, Nr. 4.

[25] Walter Schubart: Religion und Eros, München 1989, S. 125.

[26] Ulrich Dobhan/Reinhard Körner: Johannes vom Kreuz – Die Biographie, Freiburg 1992.

[27] Leben der heiligen Theresa von Jesus, von ihr selbst geschrieben, nach der Originalausgabe v. Vicente de la Fuente, übers. v. Ida Hahn-Hahn, Mainz 1867, 29. Kapitel.

[28] Benedikt XVI.: Deus caritas est, Nr. 10.

[29] Thomas Merton: Lieben und Leben, Zürich 1988, S. 34 f.

[30] Bernard Lonergan: Method in Theology, Toronto 1990, S. 105.

[31] Vgl. ebd.

[32] Benedikt XVI.: Deus caritas est, Nr. 7.

[33] Zit. n.: Günther Schiwy (Hg.): Briefe an Frauen, Freiburg i. Br. 1988, S. 125.

[34] Thomas Merton: Lieben und Leben, Zürich 1988, S. 45.

[35] Ebd., S. 37.

[36] Ebd., S. 43.

[37] Ebd., S. 45.

38 Ebd., S. 235 f.

39 Christoph Schlingensief: »Merkel ist zuckersüß«, in: Die Zeit, Nr. 32, 04.08.2005, S. 47.

40 Rupert Sheldrake/Matthew Fox: Die Seele ist ein Feld, München 1996, S. 92 f.

41 Benedikt XVI.: Deus caritas est, Nr. 18.

42 Ebd., Nr. 6.

43 Thomas Merton: Lieben und Leben, Zürich 1988, S. 34 f.

44 Ebd., S. 36 f.

45 Ebd., S. 36.

46 Ebd.

47 Karlheinz A. Geißler: Verdichtete Zeiten, in: F.A.Z, Nr. 173, 28.07.2005, S. 6.

48 Zit. n.: Jürgen Busche (Hg.): »Was ihr den Geist der Zeiten heißt«: Der Verführer Søren Kierkegaard, Königstein/Ts. 1984, S. 23.

49 Elias Canetti, zit. n.: Dieter Borchmeyer: »Wohin rennst du so fleißig?«, in: Die Zeit, Nr. 31, 28.07.2005, S. 45.

50 Irvin D. Yalom: Existentielle Psychotherapie, Bergisch Gladbach 2005, S. 195.

51 Elias Canetti, zit. n.: Dieter Borchmeyer: »Wohin rennst du so fleißig?«, in: Die Zeit, Nr. 31, 28.07.2005, S. 45.

52 Ebd.

53 Irvin D. Yalom: Existentielle Psychotherapie, Bergisch Gladbach 2005, S. 197 f.

54 In: Süddeutsche Zeitung, 20.04.2006.

Die Bibelzitate im Text wurden der revidierten Lutherübersetzung entnommen.

Die Lebenskunst der Klöster

Münsterschwarzacher Kleinschriften

1	Anselm Grün, **Gebet und Selbsterkenntnis**	1979/2002
3	F. Ruppert/A. Grün, **Christus im Bruder**	1979/2004
6	Anselm Grün, **Der Umgang mit dem Bösen**	1980/2001
7	Anselm Grün, **Benedikt von Nursia**	1979/2004
11	Anselm Grün, **Der Anspruch des Schweigens**	1980/2003
13	A. Grün, **Lebensmitte als geistliche Aufgabe**	1980/2001
17	F. Ruppert/A. Grün, **Bete und Arbeite**	1982/2003
18	Jean Lafrance, **Der Schrei des Gebetes**	1983
19	Anselm Grün, **Einreden**	1983/2001
22	Anselm Grün, **Auf dem Wege**	1983/2002
23	Anselm Grün, **Fasten**	1984/2001
25	Guido Kreppold, **Die Bibel als Heilungsbuch**	1985/2004
26	M. Dufner/A. Louf, **Geistl. Begleitung i. Alltag**	1985/2006
28	M. W. Schmidt, **Christus finden i. d. Menschen**	1985
29	Grün/Reepen, **Heilendes Kirchenjahr**	1985/2001
31	Basilius Doppelfeld, **Mission**	1985
32	Anselm Grün, **Glauben als Umdeuten**	1986/2002
36	Anselm Grün, **Einswerden**	1986/2003
37	Brakkenstein Com., **Regel f. e. neuen Bruder**	1986
39	Anselm Grün, **Dimensionen des Glaubens**	1987/2004
41	Johanna Domek, **Gott führt uns hinaus ins Weite**	1987
44	Anselm Grün/Petra Reitz, **Marienfeste**	1987/2001
46	Anselm Grün/Michael Reepen, **Gebetsgebärden**	1988/2002
47	Emmanuela Kohlhaas, **Es singe das Leben**	1988
50	Anselm Grün, **Chorgebet und Kontemplation**	1988/2002
52	A. Grün, **Träume auf dem geistlichen Weg**	1989/2001
57	Grün/Dufner, **Gesundheit als geistliche Aufgabe**	1989/2001
58	Anselm Grün, **Ehelos – des Lebens wegen**	1989/2003
59	Dumitru Staniloae, **Gebet und Heiligkeit**	1990
60	Anselm Grün, **Gebet als Begegnung**	1990/2001
61	Basilius Doppelfeld, **Mission als Austausch**	1990
62	Abeln/Kner, **Kein Weg im Leben ist vergebens**	1990/2003
63	R. Faricy/R. J. Wicks, **Jesus betrachten**	1990
64	Anselm Grün, **Eucharistie und Selbstwerdung**	1990/2002
65	Basilius Doppelfeld, **Ein Gott aller Menschen**	1991

66 Abeln/Kner, **Wie werde ich fertig m. m. Alter?** 1992/2002
67 A. Grün, **Geistl. Begleitung b. d. Wüstenvätern** 1992/2002
68 Anselm Grün, **Tiefenpsych. Schriftauslegung** 1992/2002
71 Anselm Grün, **Bilder von Verwandlung** 1993/2001
73 Wunibald Müller, **Meine Seele weint** 1993/2001
75 Herbert Alphonso, **Die Persönliche Berufung** 1993/2002
76 Anselm Grün/Gerhard Riedl, **Mystik und Eros** 1993/2001
77 Gabriele Ziegler, **Der Weg zur Lebendigkeit** 1993
79 Fidelis Ruppert, **Der Abt als Mensch** 1993
80 Boniface Tiguila, **Afrikanische Weisheit** 1993
81 Anselm Grün, **Biblische Bilder von Erlösung** 1993/2001
82 A. Grün/M. Dufner, **Spiritualität von unten** 1994/2002
84 Mauritius Wilde, **Ich versteh' dich nicht!** 1994/2004
85 R. Abeln/A. Kner, **Das Kreuz mit dem Kreuz** 1994
86 Fidelis Ruppert, **Mein Geliebter, die riesigen Berge** 1995
87 Basilius Doppelfeld, **Zeugnis und Dialog** 1995
90 Fidelis Ruppert, **Intimität mit Gott** 1995/2002
92 Anselm Grün, **Leben aus dem Tod** 1995/2001
93 Anselm Grün, **Treue auf dem Weg** 1995
94 Edgar Friedmann, **Ordensleben** 1995
95 Hermann M. Stenger, **Gestaltete Zeit** 1996
96 Basilius Doppelfeld, **Bleiben** 1996
97 Christian Schütz, **Mit den Sinnen glauben** 1996
98 Karin Johne, **Wortgebet und Schweigegebet** 1996
99 Anselm Grün, **Das Kreuz** 1996/2005
100 A. Grün/A. Seuferling, **Schöpfungsspiritualität** 1996/2002
101 Basilius Doppelfeld, **Lassen** 1996
102 Anselm Grün, **Wege zur Freiheit** 1996/2003
103 G. Kreppold, **Krisen – Wendezeiten im Leben** 1997/2001
104 Irmgard und Peter Abel, **Familienleben** 1997/2002
106 Anselm Grün, **Exerzitien für den Alltag** 1997/2001
107 Karl-Friedrich Wiggermann, **Das geistliche Wort** 1997
108 F. Ruppert/A. Stüfe, **Der Abt als Arzt ...** 1997
109 H. Nouwen, **Unser Heiliges Zentrum finden** 1998/2003
110 Georg Braulik, **Zivilisation der Liebe** 1998
111 Wunibald Müller, **Wenn du ein Herz hast ...** 1998
112 G. Kreppold, **Selbstverwirkl. od. Selbstverleugnung?** 1998
113 Basilius Doppelfeld, **Erinnern** 1998

114 Anselm Grün, **Zerrissenheit** 1998/2001
115 K.-F. Wiggermann, **Spiritualität und Melancholie** 1998
116 Reinhard Körner, **Was ist Inneres Beten?** 1999/2002
117 Christa Carina Kokol, **Wie bist du, Gott?** 1999
118 Gabriele Ziegler, **Sich selbst wahrnehmen ...** 1999
120 Anselm Grün, **Vergib dir selbst** 1999/2001
121 D. Koller, **Trinitarisch glauben, beten, denken** 1999
122 G. Kreppold, **Träume – Hoffnung für das Leben** 1999/2001
124 Basilius Doppelfeld, **Loslassen und neu anfangen** 2000/2002
126 Pierre Stutz, **Licht in dunkelster Nacht** 2000/2001
127 Wunibald Müller, **Dein Herz lebe auf** 2000/2002
128 Anselm Grün, **Entdecke das Heilige in Dir** 2001
129 Guido Kreppold, **Esoterik** 2001
130 Mauritius Wilde, **Der spirituelle Weg** 2001
131 J. Domek, **Das Leben wieder spüren** 2001/2006
132 Alfred Läpple, **Der überraschende Gott** 2002
133 Johanna Domek, **Die Sehnsucht weiß mehr** 2002
134 Klaus-Stefan Krieger, **Gewalt in der Bibel** 2002
135 Hubert Luthe/Máire Hickey, **Selig bist du** 2002
136 Meinrad Dufner, **Schöpferisch sein** 2002
137 B. Ulsamer/M. Hell, **Wie hilft Familien-Stellen?** 2003
138 Lothar Kuld, **Compassion – Raus aus der Ego-Falle** 2003
139 Peter Abel, **Neuanfang in der Lebensmitte** 2003
140 Wunibald Müller, **Dein Weg aus der Angst** 2003
141 Klaus-Stefan Krieger, **Was sagte Jesus wirklich?** 2003
142 A. Grün/R. Robben, **Gescheitert? – Deine Chance!** 2003
143 Meinrad Dufner, **Rollenwechsel** 2004
144 Bertold Ulsamer, **Zum Helfen geboren** 2004
145 A. Grün/W. Müller, **Was macht Menschen krank ...?** 2004
146 Peter Modler, **Lebenskraft Tradition** 2004
147 Gruber/Steins, **Mit Gott fangen die Schwierigkeiten ...** 2005
148 Guido Kreppold, **Die Kraft des Mysteriums** 2005
149 Peter Modler, **Gottes Rosen** 2005
150 Jonathan Düring, **Der Gewalt begegnen** 2005
151 Wunibald Müller, **Allein – aber nicht einsam** 2005
152 B. Ulsamer, **Lebenswunden – Hilf. zur Traumabewältig.** 2006
153 Olav Hanssen, **Dein Wille geschehe** 2006
154 Reinhard Körner, **Dunkle Nacht** 2006

155 Jonathan Düring, **Wild und fromm** 2006
156 Guido Kreppold, **Dogmen verstehen** 2006
157 Peter Abel, **Gemeinde im Aufbruch** 2006
158 Michael Plattig, **Prüft alles, behaltet das Gute!** 2006
159 Paulus Terwitte/Peter Birkhofer, **Ich bin gerufen** 2007
160 Wunibald Müller, **Atme auf in Gottes Nähe** 2007
161 Anselm Grün, **Alles ist mir Himmel** 2007

Die Titel dieser Reihe sind auch im **Abonnement** zu beziehen. Gerne informieren wir Sie unter Tel. 09324/20-292 über diese Möglichkeit.

VIER-TÜRME-VERLAG
Telefon 09324/20-292 · Telefax 09324/20-495
Bestellmail: info@vier-tuerme.de / www.vier-tuerme-verlag.de

Wunibald Müller

Gönne dich dir selbst

Von der Kunst, sich gut zu sein

Hörbuch-CD, Spielzeit ca. 63 Minuten
Mit Gitarrenmusik von Barbara Hennerfeind
14,90 € / 15,40 € (A) / sFr 28,30
ISBN 978-3-87868-765-8

auch als Buch erhältlich:
8,90 € / 9,20 € (A) / sFr 16,50
ISBN 978-3-87868-274-5

Wie finden wir die richtige Balance zwischen Beruf und Privatleben? Wie bleiben wir mit unserer Seele in Berührung? Mit welchen positiven Ritualen können wir unseren alltäglichen Tagesablauf gestalten?

Wunibald Müller antwortet darauf: „Gönne dich dir selbst!“ Sein Hörbuch spricht vor allem Menschen an, die aus Sorge um die anderen sich selbst oft vernachlässigen. Der erfahrene Psychotherapeut weiß, dass es vielen sehr schwer fällt, inmitten aller Verantwortungen und Termine des Alltags einen Lebensrhythmus zu finden, der die physische und spirituelle Gesundheit schützt.

Vier-Türme-Verlag
97359 Münsterschwarzach Abtei
Telefon 0 93 24 / 20-292 Telefax 0 93 24 / 20-495
Bestellmail: info@vier-tuerme.de
www.vier-tuerme-verlag.de

Wunibald Müller

Dein Weg aus der Angst

Hörbuch-CD, Spielzeit ca. 74 Minuten
Mit Instrumentalmusik von Marco Plitzner
14,90 € / 15,40 € (A) / sFr 28,30
ISBN 978-3-87868-687-3

auch als Taschenbuch erhältlich:
6,60 € / 6,80 € (A) / sFr 12,20
ISBN 978-3-87868-640-8

Viele Menschen leiden unter Ängsten: Angst vor Versagen oder Verlassenwerden, vor Zurückweisung oder Arbeitslosigkeit, vor Spinnen, Fahrstühlen, Krankheiten oder Tod. Wenn die Angst zur Belastung wird, blockiert sie unsere Lebenskräfte.

Wunibald Müller ermutigt dazu, sich mit den Ängsten auseinanderzusetzen und zeigt verschiedene therapeutische und spirituelle Möglichkeiten eines gesunden Umgangs mit der Angst. Gleichzeitig schildert der erfahrene Psychologe auch ihre positiven Kräfte. Angst schützt uns vor Gefahren und wirkt oft als treibender Motor.

Vier-Türme-Verlag
97359 Münsterschwarzach Abtei
Telefon 0 93 24 / 20-292 Telefax 0 93 24 / 20-495
Bestellmail: info@vier-tuerme.de
www.vier-tuerme-verlag.de

Wunibald Müller

Allein – aber nicht einsam

126 Seiten, Format 10,5 x 18,5 cm
7,90 € / 8,20 € (A) / sFr 14,60
ISBN 978-3-87868-651-4

Viele Menschen leiden unter ihrer Einsamkeit und empfinden sie als Schicksal. Gefühle wie Traurigkeit, Angst oder Minderwertigkeit sind dann häufig die Folge.

Der erfahrene Psychotherapeut Wunibald Müller hilft betroffenen Leserinnen und Lesern, die positive Erfahrung von Einsamkeit im Alleinsein zu entwickeln. Er geht dabei auf die Bedeutung des Selbst-Wert-Gefühls ein und zeigt, wie wichtig es ist, mit sich selbst in Einklang zu leben.

Vier-Türme-Verlag
97359 Münsterschwarzach Abtei
Telefon 0 93 24 / 20-292 Telefax 0 93 24 / 20-495
Bestellmail: info@vier-tuerme.de
www.vier-tuerme-verlag.de

Wunibald Müller

Dein Herz lebe auf

Hilfe aus der Depression

101 Seiten, Format 10,5 x 18,5 cm
6,60 € / 6,80 € (A) / sFr 12,20
ISBN 978-3-87868-627-9

Für C. G. Jung gleicht die Depression einer „Dame in Schwarz“: Tritt sie auf, soll man sie nicht wegschicken, sondern sie als Gast zu Tisch bitten und hören, was sie zu sagen hat.

Wunibald Müller fordert in diesem Ratgeber deshalb, Depressionen nicht enfach „wegzutherapieren“, sondern sie anzuschauen und nach ihrem Sinn zu fragen. Möglicherweise trägt die Krankheit ja die Aufforderung in sich, nach etwas zu suchen, was mich trägt und hält. Der Autor beschreibt zunächst Formen und Ursachen von Depressionen und zeigt sodann, wie es gelingen kann, die Krankheit als einen Anstoß für die eigene Verwandlung zu betrachten. Ein Ratgeber, der psychotherapeutische und spirituelle Heilmethoden miteinander verbindet.

Vier-Türme-Verlag
97359 Münsterschwarzach Abtei
Telefon 0 93 24 / 20-292 Telefax 0 93 24 / 20-495
Bestellmail: info@vier-tuerme.de
www.vier-tuerme-verlag.de